PUBLICATION DE LA SOCIÉTÉ DE GÉOGRAPHIE

LA CONFRÉRIE MUSULMANE

DE

SÎDI MOHAMMED BEN 'ALÎ ES-SENOÛSÎ

ET SON DOMAINE GÉOGRAPHIQUE

en l'année 1300 de l'hégire = 1883 de notre è

PAR

H. DUVEYRIER

PARIS

SOCIÉTÉ DE GÉOGRAPHIE

BOULEVARD SAINT-GERMAIN, 184

1884

LA CONFRÉRIE MUSULMANE

DE

SIDI MOHAMMED BEN 'ALÎ ES-SENOÛSÎ

ET SON DOMAINE GÉOGRAPHIQUE

en l'année 1300 de l'hégire = 1883 de notre ère

« La pensée fondamentale de cette association est une triple protestation : contre les concessions faites à la civilisation de l'Occident ; contre les innovations, conséquences du progrès, introduites dans les divers États de l'Orient par les derniers souverains ; enfin contre de nouvelles tentatives d'extension d'influence dans les pays encore préservés par la grâce divine.

. . . .

» La conclusion de ce qui précède est qu'il est nécessaire de surveiller cette confrérie religieuse et de s'opposer à son développement partout où on le pourra. »

. (H. Duveyrier : *Exploration du Sahara ; les Touâreg du nord*, Paris, 1864, p. 302, 306).

النرك والنصارى
الكـل في زمرة
نفضهم في مرّة

« Les Turcs et les chrétiens sont tous d'une même catégorie ;

» Je les briserai du même coup ! »

(Épigramme prophétique de Sîdi El-Akhdar Ben Makheloûf, de Mostaghanem, que s'est appropriée et se plaît à répéter souvent (1882-1883) Sîdi Mohammed El-Mahedi, chef actuel de l'ordre.)

Le sujet traité dans cet article intéresse non seulement l'histoire et la politique, mais aussi, tout à fait directement la géographie et le succès des explorations futures, desquelles les géographes attendent l'achèvement de la reconnaissance de la moitié nord de l'Afrique. A ce dernier titre la Société de géographie accueillera, nous l'espérons, un travail qui, tout en empiétant sur le domaine de sciences parallèles, est destiné aux ouvriers du champ qu'elle défriche, et peut les prémunir contre des surprises qui ont été funestes déjà à un trop grand nombre d'explorateurs.

Et puis l'historique et l'exposé de la situation présente

de cette manifestation religieuse vont nous entraîner à faire, dans trois parties du monde, un très long voyage où, comme le piqueur rendant compte d'une battue, nous devrons mentionner souvent des coins des moins fréquentés et des moins connus.

En effet, de toutes les nombreuses confréries religieuses qui se sont formées dans le sein de l'islâm, une des dernières venues, celle de Sîdi Mohammed Ben 'Alî Es-Senoûsî, a obtenu dans les quarante-six années de son existence un succès qui dépasse de beaucoup celui de ses aînées. Il est donc utile aujourd'hui d'établir, aussi bien qu'on peut y arriver en matière aussi délicate, le développement géographique des conquêtes intellectuelles qu'elle a faites depuis l'année 1837 environ.

Son fondateur fut un humble jurisconsulte algérien, de la tribu des Medjâher, qui naquit, dans les environs de Mostaghanem, pendant la dernière phase de l'occupation turque en Algérie, dont il commença d'ailleurs par se montrer l'adversaire déclaré. Initié, durant un exil au Maroc, et par la confrérie de Moûleï Tayyeb, aux principes mystiques de la philosophie des Chadhelîya, il rentra en Algérie à la veille de la prise d'Alger par la France, et il parcourut, comme professeur de droit et de théologie, tous les hauts plateaux de la province d'Alger, ainsi qu'une partie de la province de Constantine, s'acheminant tout doucement vers l'Orient, où l'attiraient le berceau du prophète et la renommée des célèbres docteurs de l'islâm, celle entre autres du cheïkh Ahmed Ben Edrîs, le plus haut représentant de la philosophie de l'école des Chadhelîya, autrement dit du chadhelisme. Ajoutons ici qu'avant d'arriver au cheïkh Ahmed Ben Edrîs, cette philosophie avait déjà passé par l'étamine des Derkâwa, et qu'elle s'était fortement colorée aussi au contact des Wahhâbiya, ou Wahhâbites, c'est-à-dire de deux des manifestations les plus radicales et les plus subversives de la religion et de la politique musulmanes.

- Sur sa route vers les lieux saints d'Arabie, Sîdi Mohammed Ben 'Alî Es-Senoûsî s'arrêta dans plusieurs villes :
Laghouât, Mesa'ad, Le Caire, pour y ouvrir des cours. Et,
déjà dans cette phase de son histoire, on le voit jouer le
rôle d'un chef d'école et porter ombrage tant aux représentants de l'église établie qu'au gouvernement égyptien.

A La Mekke il fut d'abord l'élève, puis devint le successeur tout indiqué de cheïk. ....med Ben Edrîs. A peine
eut-il reçu de celui-ci, mourant, ses pleins pouvoirs, il commença sa propagande par un voyage au Yémen, mais, re-
buté par le peu de succès de ses premières prédications
dans le sud-ouest de l'Arabie, chez les Ibâdîya et autres
schismatiques qui devaient pourtant céder, plus tard,
devant la persistance de ses disciples, il revint à la Mekke,
s'attacha à convertir un choix de pèlerins orthodoxes de la
Berbérie, et à leur faire accepter la طريقة محمّدية (tariqa
mohammediya), ou voie de Mohammed. C'est ainsi que le
novateur lui-même appela la religion sorte de chadhelisme
réformé, qu'il avait distillée tant du qorân et de l'œuvre de
ses commentateurs que de ses propres méditations, et qu'il
présentait à ses élèves comme le véritable et pur islâm,
dégagé de toutes les croyances et de toutes les pratiques
parasites que les théologiens avaient greffées, pendant
douze siècles, sur le fond de la doctrine du grand prophète
des Arabes. — Par la suite, fait important à constater, ce
nom de la secte a été changé, du moins dans la pratique,
et maintenant c'est طريقة السّنوسية (tariqat es-senoû-
sîya), ou voie senoûsienne, qu'on appelle la doctrine de Sîdi
Mohammed Ben 'Alî Es-Senoûsî.

Cette religion, car le Senoûsisme en est bien une au
même titre que d'autres cultes réformés, le bouddhisme ou
le luthérianisme, par exemple, se distingua dès les débuts
par son intransigeance et ses prétentions absolutistes ; aussi
recontra-t-elle, à La Mekke encore, comme il en était arrivé

déjà au Caire, une opposition sévère de la part des sommités du clergé mulsulman orthodoxe.

Dans l'islâm comme dans le catholicisme romain les ordres religieux représentent, ou du moins prétendent représenter, le dernier perfectionnement de la vie religieuse. Dès avant l'année 1837 Sîdi Mohammed Ben 'Alî Es-Senoûsî résolut de grouper ses disciples en fondant une confrérie nouvelle, qui lui survivrait, et au sein de laquelle se conserveraient l'esprit de la foi, la forme du culte et les vues politiques qu'il avait infusées à ses auditeurs et qu'il développait à ce moment même dans une série d'ouvrages qui ont fait de lui un des théologiens les plus féconds du mohammedisme. De ces nombreux écrits le plus important, celui qui résume toute son œuvre, porte un titre très prétentieux : الشهوس الشارقة, *El-Chemoûs El-Châreqa*. « Les soleils levants. »

La confrérie de Sîdi Mohammed Ben 'Alî Es-Senoûsî, que son fondateur a déclarée être la résultante des opinions et des travaux des créateurs de toutes ses aînées, s'applique à enseigner surtout les notions suivantes :

D'abord l'exaltation de l'idée de Dieu, à qui *seul* est réservé le culte. On peut bien, sans commettre un crime de lèse divinité, vénérer les saints vivants, parce que le souffle de Dieu les remplit et les anime; mais, après leur mort, cette vénération ne peut plus se perpétuer et se traduire ni dans des pélerinages à leurs tombeaux, ni même dans des invocations à leurs noms, à leur intercession. Le prophète Mohammed, « la plus parfaite des créatures », disent les musulmans orthodoxes, ne fait pas exception à cette règle.

Avant d'être admis dans l'ordre, le novice doit renoncer au monde. Il respectera l'autorité du seul chef d'État musulman qui réunit, en sa personne, les pouvoirs religieux comme *khalifa*, ou calife, avec la puissance temporelle, car le sultan doit être avant tout prêtre (*imâm*); mais aussi le sultan perd tout droit à l'obéissance de ses sujets et au respect des musulmans le jour où il s'écarte des prescriptions de la loi religieuse telles que les a interprétées et développées la confrérie. L'ambition politique est condamnée d'avance lorsqu'elle menace un chef d'État, fidèle observateur de la loi; elle devient au contraire un devoir et un mérite si elle s'élève contre un sultan qui dévie hors de la voie tracée par la religion, autrement dit, qui ne se contenterait pas d'être un élève docile du clergé et, pour les Senoûsiya, ou frères de l'ordre de Sîdi Mohammed Ben 'Alî Es-Senoûsî, la religion se confond avec la doctrine et la règle de la confrérie; à leurs yeux le seul clergé musulman orthodoxe est celui qui dirige les destinées de leur association.

Toute espèce de luxe dans le vêtement de l'homme, la soie, les broderies et les ornements, comme aussi les ustensiles d'or et d'argent, sont prohibés. Ces métaux précieux ne peuvent légalement servir qu'à rehausser la poignée et la garde de l'épée, parce que l'épée est destinée à la guerre sainte. Dans le costume et la parure de la femme, au contraire, la soie et l'or sont permis, le réformateur ayant sans doute admis qu'ajoutant aux séductions de l'épouse, le luxe se traduirait ici en dernière analyse, par l'accroissement des forces vives de l'islâm. Sîdi Es-Senoûsî a poussé le scrupule des prescriptions de la loi musulmane contre l'ivresse jusqu'à interdire à ses disciples l'usage du tabac et du café. Il permet de boire du thé, mais sucré avec de la cassonnade, car le sucre blanc cristallisé est impur à cause des ossements d'animaux, *tués par les non-musulmans*, qui servent à le raffiner!

Sur le chapitre des rapports entre musulmans et chrétiens ou juifs, Sîdi Es-Senoûsî a poussé le rigorisme à ses limites les plus extrêmes.

Il est défendu de parler à un chrétien, ou à un juif, de le saluer, de faire le commerce avec lui, à plus forte raison de le servir à gages. Et, si le juif ou le chrétien est autre chose qu'un *ra'aiya*, c'est-à-dire s'il s'affranchit du tribut aux musulmans, en un mot, s'il jouit de son indépendance politique, il devient un ennemi que la loi autorise, bien plus, qu'elle recommande de piller et de tuer là où, comme et quand on peut[1]. Ainsi donc, point de concessions sur ce point spécial. Ou bien l'infidèle subira la condition de tributaire, que les légistes musulmans, plus encore que le qorân, ont rendue très dure à tout homme soucieux de sa dignité, ou bien il est assimilé à une bête fauve, à laquelle on tendra des pièges si on n'ose pas l'attaquer de front.

Un point important qu'il est essentiel de ne pas perdre de vue, c'est la tendance de la confrérie de Sîdi Mohammed Ben 'Alî Es-Senoûsî à s'assimiler les autres associations religieuses issues, comme elle, de l'école des Chadhelîya, c'est-à-dire la presque totalité des ordres musulmans. Et cette tactique, dont les résultats politiques peuvent devenir très graves, a été couronnée de succès dans le plus grand nombre des cas.

C'est ainsi que les confréries religieuses de Sîdi 'Alî-Chadhelî, de Sîdi 'Abd El-Qâder El-Ghilâni, et non El-Djilâni, comme on dit en Algérie (dont la maison mère est à Baghdâd), de Sîdi Mohammed Ben 'Aïsâ, de Sîdi 'Abd Er-Rahmân Boû-Qobereïn, de Sîdi El-Madani, de Sîdi 'Abd Er-Rahmân Tha'alebî (Boû-Chîkhîya), de Sîdi 'Abd Es-Salâm de Masrâta, et même, paraîtrait-il aussi, de Sîdi Ahmed Et-Tidjâni, sans parler de la confrérie des Derkâwa non réformés, après avoir presque toutes commencé par répudier la doctrine et la règle nouvelles, subissent maintenant plus ou moins le joug intellectuel des Senoûsîya, et conforment de plus en plus leur ligne de conduite politique aux vues du fondateur de ce dernier ordre.

---

1. Extraits du sermon prêché au mois de mars 1861, par El-Hâdj Ahmed Ben Bel-Qâsem, moqaddem de la confrérie à Rhât, aux habitants de la ville et aux Touâreg, à l'intention de l'auteur, alors chargé d'une mission du gouvernement français, et campé sous les murs de Rhât.

Voilà un fait important, digne d'être retenu et médité, car il tend à augmenter dans une mesure considérable, non seulement l'influence spirituelle, mais aussi la fortune et éventuellement les forces militaires de la confrérie de Sîdi Mohammed Ben 'Alî Es-Senoûsî.

· Conscients de la force que leur prêterait le mystère, les Senoûsîya se sont efforcés de maintenir leur association à l'état de société secrète; d'une part, ils ont soigneusement évité tout signe extérieur de ralliement qui pût les trahir à première vue, c'est pourquoi le chapelet sur lequel ils récitent leurs oraisons ne diffère en rien de celui de la confrérie de Moûleï Tayyeb; d'autre part, ils ne communiquent qu'à leurs seuls affiliés les formules de la prière supplémentaire que ceux-ci doivent réciter après la prière réglementaire du matin. Il a fallu qu'un européen ami, qui a grandi au milieu des musulmans, desquels il a su se faire apprécier et aimer, M. Eugène Ricard, vice-consul de France à Ben-Ghâzi, usât d'une supercherie de très bonne guerre pour obtenir et m'envoyer le texte de cette prière que les Senoûsîya tiennent secret avec un soin jaloux. Grâce à lui, je n'ai plus qu'à copier l'autographe d'un des principaux dignitaires de la confrérie, remis à un musulman qui se présentait comme postulant à l'admission.

Cette oraison spéciale consiste dans les phrases suivantes : « Que Dieu pardonne![1] », invocation qu'on répète cent fois; « Il n'y a de divinité qu'Allah. Mohammed est le prophète de Dieu, en toute évidence et pour toute âme. Il a cru à tout ce que renferme la science divine »[2], ces trois phrases ainsi groupées, sont répétées trois cents fois; « O Dieu! bénis

1. أَسْتَغْفِرُ اللّٰهَ

2. لَا إِلَٰهَ إِلَّا اللّٰهُ مُحَمَّدٌ رَسُولُ اللّٰهِ فِي كُلِّ لَمْحَةٍ وَنَفَسٍ عَدَدَ مَا وَسِعَهُ عِلْمُ اللّٰهِ

notre seigneur Mohammed, le prophète illettré, sa famille et ses amis, et accorde-leur le salut[1]! », cette dernière phrase est répétée cent fois.

En dehors de cette prière, simple et inoffensive en elle-même, mais rappelant tous les jours à l'affilié qu'il a abdiqué ses opinions entre les mains d'un directeur spirituel, la confrérie a d'autres moyens d'entretenir la ferveur et la soumission chez les frères. Elle les convoque à des conférences; elle leur prescrit des pèlerinages à ses couvents; elle les taxe suivant leur fortune, les obligeant à verser chaque année à la caisse de l'ordre deux et demi pour cent de leur capital, dès que ce capital dépasse 125 francs; le trésor, les magasins et les parcs à bestiaux de la confrérie restant d'ailleurs ouverts pour les contributions en nature ou pour tous autres dons extraordinaires. Et le nombre des esclaves, chevaux, chameaux, moutons, marqués au fer rouge du nom d'Allah الله , avec le cachet de la confrérie, témoigne éloquemment, dans le seul vilâyet de Ben-Ghâzi, en faveur de la richesse de l'ordre. Là où les délégués du directeur de l'association sont en présence de frères, trop pauvres pour contribuer de leur bourse ou, ce qui arrive aussi, trop enthousiastes pour se contenter d'apporter le prorata de deux et demi pour cent, elle les emploie à cultiver les terrains conventuels, à construire les cloîtres, à garder les troupeaux ou à porter les dépêches de la confrérie, quand ils ne réclament pas d'eux, dans les circonstances exceptionnelles, d'autres services d'un ordre plus délicat encore, les forçant, par exemple, à se transformer, au risque de leur vie, en espions, voire même en assassins. Ceci n'est, peut-être, qu'une réminiscence des procédés politiques préconisés déjà aux xie et xiie siècles de notre ère par un autre illuminé, El-Hasan Ben Mohammed El-Çabbâh,

اللَّهُمَّ صَلِّى عَلَى سَيِّدِنَا مُحَمَّدٍ النَّبِيِّ الْأُمِّيِّ وَعَلَى آلِهِ وَصَحْبِهِ وَسَلِّمْ.

fondateur de la dynastie des Isma'ilîya et de la secte des
'Assâsîn, dont l'histoire des croisades nous a appris le rôle,
nettement précisé d'ailleurs il y a déjà longtemps par le
dictionnaire de notre propre langue. Pour les Senoûsiya tous
les moyens et tous les auxiliaires sont bons quand ils veulent
arriver à leurs fins; on a même vu ces puritains rigoristes
ne pas dédaigner de recourir à l'art et aux séductions de
courtisanes, chargées par eux de missions politiques là où
d'autres émissaires avaient déjà échoué.

La confrérie rend aussi la justice elle-même, conformé-
ment aux traités de jurisprudence laissés par son fondateur.
C'est là, on le comprend, un levier puissant entre ses mains,
car, quand l'arbitre de la conscience est en même temps
juge au civil et au criminel, bien audacieux serait celui qui
oserait le fronder. Aussi, dans la province ottomane dont
nous parlions à l'instant, le vilâyet de Ben-Ghâzi (pays de
Barqa), l'influence de la confrérie a-t-elle obtenu ce résultat
étonnant de l'abandon en sa faveur de l'exercice de la
justice.

Les locutions et les usages populaires réflètent naïvement
l'état de l'âme d'une nation. Dans tout le quart nord-est de
l'Afrique (l'Égypte exceptée), les musulmans jurent maintenant par : *el-haqq Sîdi Es-Senoûsi !*, « par le droit, par
la vérité de Sîdi Es-Senoûsî ! »

Modeste quand les circonstances l'y obligent, la confrérie
lève fièrement la tête là où elle se sent maîtresse du terrain. Longtemps avant d'avoir atteint la puissance impo-
sante que nous constatons aujourd'hui, alors qu'elle était
encore dans la phase d'incubation (1861), elle n'a pas reculé
même devant une mesure aussi audacieuse que l'excommunication d'un commandeur des croyants, Sa Hautesse
'Abd El-Medjîd, sultan de Constantinople qui, dédaignant
son importance naissante, avait osé dévier de la voie qu'elle
lui traçait.

La confrérie de Sîdi Mohammed Ben 'Ali Es-Senoûsi pos-

sède d'ailleurs une organisation aussi simple que forte. Les
ikhouân (vulgairement *khouân*), ou frères, dont les noms
sont tous soigneusement consignés sur les registres de la
maison mère, doivent un respect absolu et une obéissance
passive au *moqaddem*, ou préfet apostolique, qui dirige la
communauté libre ou le couvent de leur district, et qui
n'ouvre guère la bouche que pour bénir, prononcer un
axiome ou un anathème, comme aussi à l'*agha*, ou doyen,
et au *wekil*, ou procureur de la province. Celui-ci et, dans
certains cas, le moqaddem, cumulent souvent les fonctions
d'agent commercial de la confrérie. Tout en jouissant d'un
grand prestige aux yeux des simples frères, et même de
tous les musulmans étrangers à l'association, ces dignitaires
ne sont plus guère que des esclaves devant le grand maître,
qui prend le titre de *khalifa*, c'est-à-dire de lieutenant, de
lieutenant de Dieu sur terre.

Nous autres hommes de l'occident, héritiers de ré-
formes qui ont nivelé les castes et détruit tant de prestiges,
nous avons peine à nous figurer une omnipotence et une
majesté comme celles que Sîdi Mohammed El-Mahedi, et
avant lui son père, se sont attribuées, et qu'ils ont su faire
accepter de toute une société du vivant de notre génération.
Nous essaierons pourtant d'en donner une idée d'après un
témoin oculaire, notre bon vieil ami le révérend père Angelo
Maria de Sant'Agata, préfet de la mission franciscaine de
Tripoli. En 1845, il rencontra, à Derna, Sîdi Mohammed
Ben 'Alî El-Senoûsî. L'ordre en était alors encore à ses débuts. Pourtant, déjà à cette date, son fondateur se considé-
dérait comme un si grand personnage qu'il ne laissait voir
son visage à personne, et qu'il portait un voile toutes les
fois qu'il sortait de sa maison, comme s'il eût voulu épar-
gner aux humbles pêcheurs d'être éblouis et aveuglés par
l'auréole de sa sainteté. — Pour tout senoûsien, à l'heure
où nous écrivons, son fils Sîdi El-Mahedi est une créature
privilégiée qui a reçu de Dieu le don des miracles.

Le grand-maître correspond avec les supérieurs de tous les couvents, et avec les missionnaires ou partisans de qualité, par l'entremise de courriers spéciaux, qui transportent les lettres jusqu'à la destination. Les missives sont toujours soigneusement cachées par celui à qui on les a confiées; généralement on les coud dans la doublure du vêtement, et il paraîtrait que la manière seule dont elles sont pliées indique, à première vue, au destinataire, si elles font partie de la correspondance officielle de la confrérie. Cette correspondance écrite et, dans les cas tout à fait confidentiels, les messages verbaux, transmis par un homme de confiance, ont été et sont toujours un des principaux ressorts de l'action politique de la confrérie. — Elle est arrivée à une perfection telle dans le service de ses renseignements, qu'en 1878 et 1881 elle informait son moqaddem de Tripoli des soulèvements de la population de l'Aourâs et des Oulâd Sîdi Ech-Cheïkh avant que ces événements n'aient commencé à se dessiner en Algérie. Et Tripoli est à 700 kilomètres de l'Aourâs et à 1200 kilomètres du pays des Oulâd Sîdi Ech-Cheïkh, à vol d'oiseau.

Chaque année, vers la fête du *aïd el-kebîr*, ou pâque des musulmans, le chef de la confrérie convoque tous les *moqaddem* à un synode qu'il tient à Jerhboûb, et où on examine à fond aussi bien la situation spirituelle et temporelle de l'association, que la tournure à donner à sa politique, dans le prochain exercice, suivant les circonstances du moment et dans telle ou telle éventualité.

Ce qui précède étant connu, on comprend que tous les gouvernements musulmans des États policés avec lesquels Sîdi Mohammed Ben 'Alî Es-Senoûsî ou ses successeurs se sont trouvés en contact forcé, c'est-à-dire le gouvernement égyptien, le gouvernement ottoman, qui les a comblés de faveurs et leur a accordé avec des immunités fiscales la concession des terrains qu'ils choisiraient, et enfin le gouvernement tunisien aient eu tour à tour maille à partir avec la

confrérie, et, là où on la voit vivre en paix ou en trève avec
un gouvernement musulman, tel est l'esprit de domination qui l'anime qu'on peut considérer comme acquis que
ce gouvernement a effectivement abdiqué, ou agi comme
s'il abdiquait entre ses mains l'autorité et la direction de sa
politique extérieure. Quant aux nations chrétiennes, le gouvernement anglais a bien vu une fois, en 1882, pendant la
campagne d'Égypte, la confrérie accuser envers lui une
attitude hostile; mais le seul qui, jusqu'à présent, se soit
trouvé réellement et directement aux prises avec le senoûsisme, le gouvernement français, a eu, dans les difficultés et
les soulèvements provoqués par Mohammed Ben 'Abd-Allah
dans la subdivision de Telemsân, et le Sahara algérien
(1848-1861); dans les refus d'obéissance du cheïkh Mohammed Ben Tekoûk dans le Dahra (1851); dans les difficultés
suscitées par le frère 'Izzet Pâchâ aux consuls de France à
Tripoli de Barbarie, M. Pélissier de Raynaud et Botta
(1852-1860); peut-être dans le soulèvement de Sîdi Eç-Çâdoq,
dans l'Aourâs, en 1879; plus sûrement dans les révoltes des
Oulâd Sîdi Ech-Cheïkh (1879-1881); dans certaines in-
trigues dans l'entourage du bey, en Tunisie (1882); dans les
manifestations et les complots anti-français, à Tripoli de
Barbarie, si courageusement affrontés et si habilement dé-
joués par le consul général de France, M. Charles Féraud,
qui faillit en être la victime (1879-1883); enfin dans l'inter-
terdit qui, à la même époque, a pesé sur un de nos agents
les mieux doués et les plus dévoués, M. Eugène Ricard,
vice-consul de France à Ben-Ghâzi, des exemples assez
nombreux, assez graves et assez instructifs des dispositions
de la confrérie à son égard. C'est donc publier une vérité
que, seuls parmi les interessés nous resterions à ignorer,
que d'affirmer que la confrérie de Sîdi Mohammed Ben 'Alî
Es-Senoûsî est l'ennemie, irréconciliable et réellement dangereuse, de la domination française dans le nord de l'Afrique,
aussi bien en Algérie, qu'en Tunisie et au Sénégal, et de tous

les projets tendant, soit à étendre notre influence ou notre commerce dans l'intérieur de l'Afrique, soit même simplement à augmenter la somme de nos connaissances sur ce continent au nord de l'équateur. A ce dernier point de vue, qui touche de si près aux études géographiques, on est autorisé à chercher la main de la confrérie dans les drames sanglants où ont perdu la vie de méritants explorateurs qui nous sont chers à des titres divers. Et d'abord, parmi les français : Dournaux-Dupéré, sur le chemin de Ghadâmès à Rhât, en 1874; le colonel Flatters, les capitaines Masson et de Dianous, le Dr Guiard, les ingénieurs Béringer et Roche, s ur la route algérienne de Warglâ aux États Haousa, en 1881, sans parler de l'attaque de la mission topographique du capitaine Massone au chott Tîgrî, en 1882. Parmi les étrangers, von Beurmann, tué au Kânem, en 1863; von der Decken et ses compagnons, sur le fleuve Djouba, en 1865, et mademoiselle Tinné, dans l'Ouâdi Aberdjoûch, en 1869, sont autant d'autres victimes des doctrines senoûsiennes. Et la confrérie n'a pas toujours réussi dans ses entreprises contre les explorateurs et les agents politiques français; si elle n'avait jamais échoué dans ses ténébreux desseins, le savant amiral Mouchez ne dirigerait pas aujourd'hui l'observatoire national, notre méritant collègue, M. Féraud, ne représenterait plus la France à Tripoli de Barbarie, et cette notice et la carte qui l'accompagne devraient porter un autre nom d'auteur.

C'est par une tactique qui est alternativement un modèle d'esprit patient, de connaissance du cœur humain, de souplesse, de ruse et d'audace, que la confrérie de Sîdi Mohammed Ben 'Alî Es-Senoûsî, a pu, dans le court espace de quarante-six ans, arriver à exercer une influence prépondérante sur les populations nombreuses, étrangères entre elles par la race et par les intérêts, qui sont répandues sur le vaste territoire dont nous parlerons tout à l'heure.

Partout où ils se sentent sérieusement surveillés, comme

cela est arrivé dans les capitales d'États musulmans civilisés, les Senoûsiya dissimulent leurs aspirations et cachent même leur qualité. Ils s'insinuent d'abord sous le man- teau d'autres confréries, telles celles des Chadheliya, des Madaniya, des Derkâwa, des Rahmâniya ou des Tha'alebîya (Boû-Chîkhîya), etc..., qui sont issues de la même souche, mais qui se montraient au début, ou se montrent même encore moins radicales que la leur, et ils travaillent à gagner, par leur science, par leur discernement et leur assurance, les premières places dans la magistrature, comme dans le professorat et le clergé. Leur propagande discrète prend des voies détournées pour commencer par rallier lentement à leur cause un nombre restreint d'ad- hérents, choisis parmi les personnages les plus savants ou les plus influents, au moyen desquels ils exerceront ensuite une action sur l'opinion publique. Arrivent-ils au contraire soit dans une province écartée de l'empire ottoman, de l'Égypte ou de l'Arabie, dès longtemps soumise aux lois du prophète arabe, soit dans des pays musulmans, hier encore païens, où règnent la tiédeur et l'indifférence, c'est comme simples maîtres d'école qu'ils s'installent modestement, et ils entreprennent l'œuvre patiente de dresser sélon leurs vues la génération de l'avenir, qu'ils veulent trouver, à un moment donné, composée de serviteurs dociles de leur politique. Bientôt le spectacle de leur vertu et leurs adroites mais discrètes allusions à la vanité des biens de ce monde, comparés aux jouissances éternelles, engagent de pauvres diables à leur abandonner ou à leur léguer qui un champ, qui un jardin et, petit à petit, se constituent ainsi au pro- fit de l'ordre de véritables domaines, qu'on a vus s'étendre à la *totalité* des terres cultivables d'une oasis. A Farâfra (désert de Libye, Égypte), où ils s'établirent en 1860, moins de treize années ont suffi pour changer avec le caractère de la population l'assiette de la propriété : les jardins les plus productifs, les plus beaux monuments leur appartenaient en

1873, et de tolérants, indifférents même, les habitants étaient devenus fanatiques. En 1869 un chrétien pouvait frayer sans inconvénient avec les Medjâbera de Djâlo; en 1879 il trouvait ses anciens amis transformés par la confrérie en zélateurs forcenés. Le laboureur tient à son champ en raison du mal qu'il a eu à le mettre en valeur. Eh! bien, un jardin dans une oasis est la résultante d'une somme énorme de travail, d'une lutte heure par heure, jour et nuit, de l'homme contre tous les éléments réunis : infertilité du désert, chaleur des rayons solaires, sécheresse de l'atmosphère et violence des vents qui soulèvent et transportent les sables mouvants. Les libéralités des habitants des oasis envers la confrérie indiquent par conséquent un degré de dévotion réellement extraordinaire.

Quant, passant de la race blanche aux premiers représentants de la race noire, les Senoûsîya ont commencé à catéchiser les Toubou, ils comprirent bientôt qu'il leur fallait attaquer cette société nouvelle par l'élément féminin, qui possède là, ce qu'on observe aussi dans la société berbère, la supériorité intellectuelle sur l'élément masculin. Ils ouvrirent donc, chez les Toubou, des écoles congréganistes pour les jeunes filles, et maintenant encore, dans l'Enneri Touguê (ou Kawâr), par exemple, le nombre des filles qui fréquentent leurs écoles est supérieur à celui des garçons. Si, dans telle autre contrée, où ils commencent leur propagande sur un terrain encore vierge, les circonstances laissent place à un rôle tutélaire, les Senoûsîya s'empressent de se l'attribuer. C'est ainsi qu'ils ont pu se présenter, la tête haute, en maîtres, et se maintenir comme protecteurs chez certaines tribus des Toubou et chez les Baêlé, sur le Fêdé, dans le Wanyanga et l'Ennedi, tous pays que ravageaient autrefois chaque année les Oulâd Selîmân, eux aussi, pourtant, affiliés à la confrérie. A l'arrivée de ces missionnaires, les Baêlé, comme même beaucoup de Toubou, qui sont toujours de véritables barbares, étaient encore païens, ou musulmans

2

de nom seulement. Leur conversion et leur soumission à la confrérie ont suffi pour les mettre à l'abri de ces coups de mains désastreux, ou tout au moins pour leur assurer un tribunal, redouté de tous, devant lequel ils peuvent traduire leurs persécuteurs.

Ailleurs, comme par exemple, au Sénégal, où les noirs de la rive gauche du fleuve sont déjà musulmans, et, où les Berbères, les Arabes de la rive droite étaient dès longtemps les clients religieux de vieilles zaouiya, c'est en s'appuyant sur l'influence des agents de ces zaouiya que les Senoûsiya cherchent à recruter des partisans, quittes à substituer plus tard leurs propres influence et autorité à celles des représentants des anciens centres d'enseignement religieux. Ailleurs encore, comme au Wâdâi, la conversion d'un despote a assuré à la confrérie le concours éventuel d'une nation de trois millions d'individus, et lui a ouvert un champ précieux d'exploitations commerciales. Il y a déjà longtemps que le général Daumas a publié un vieux proverbe, qui courait encore à son époque chez les tribus du Sahara algérien, et dont on nous pardonnera le texte un peu cru : « Le Soûdân guérit la pauvreté comme le goudron guérit la gale. » Sîdi Mohammed Ben 'Alî Es-Senoûsî et son fils et successeur Sîdi Mohammed El-Mahedi ne pouvaient ignorer ce proverbe ; ils ont brillamment mis en pratique le legs de l'expérience de leurs aïeux.

Le Wâdâi, pays guerrier, non sans richesses naturelles, et s'enrichissant sans cesse des dépouilles de ses voisins, était depuis longtemps un marché fermé au commerce extérieur. A un moment, les négociants tentèrent une reprise de commerce et ils expédièrent une caravane conduisant des esclaves vers l'Égypte. L'essai ne fut pas heureux ; les nomades, sur la frontière de l'Égypte et de la Tripolitaine, enlevèrent cette caravane. C'est alors que Sîdi Mohammed Ben 'Alî Es-Senoûsî intervint ; il fit racheter les esclaves, les instruisit, les affranchit et les renvoya enfin au Wâdâi

comme autant d'hommes libres et de missionnaires de sa
doctrine. De là date l'estime et le respect de 'Alî, sultan du
Wâdâi, et de son successeur pour les chefs de la confrérie
de Sîdi Es-Senoûsî. Plus tard, profitant de la faveur dont il
jouissait auprès de son roi, Sîdi Mohammed El-Mahedi a
manégé de façon à rétablir, en grande partie à son propre
compte, les anciennes relations commerciales du Wâdâi
vers le bassin de la Méditerranée, par Djâlo et Ben-Ghâzi,
d'une part, et Sîwa et Alexandrie, de l'autre. Reconnaissant
de pareils bienfaits et voulant contribuer, comme frère et
comme souverain, au bien-être de l'ordre, le sultan 'Alî
a adressé, et son successeur adresse encore de temps en
temps au grand-maître des chargements entiers de caravane, dont chacun représente une fortune. Si bien qu'en
nous déplaçant de quelques degrés de latitude et de longitude nous trouvons aujourd'hui, entre un roi et un pontife,
une situation qui a existé en Europe, au moyen âge, entre
des souverains temporels et le pape. Les esclaves nègres
figurent toujours pour une large part dans ces convois de
dons gracieux du roi du Wâdâi, aussi, leur nombre dé-
passant les besoins de la confrérie, a-t-il fallu chercher des
débouchés pour cette marchandise prohibée, et c'est vers
l'Égypte et vers la Turquie, où la traite est pourtant officiel-
lement abolie, que Sîdi Mohammed El-Mahedi a écoulé
et écoule peut-être encore le nombre inutile des captifs que
le Wâdâi lui envoie. Mais il en emploie beaucoup aussi.
Dans toutes les zaouiya, des escouades d'esclaves s'occupent
sous la direction des *moqaddem*, à défricher et à cultiver
le sol, à aménager les eaux, etc... de telle manière que
d'anciennes oasis gagnent sur le désert, ou renaissent après
un abandon plusieurs fois séculaire, que d'autres, enfin,
se créent de toutes pièces sous la baguette magique de la
confrérie. Une route transsaharienne est-elle impraticable
par suite du manque d'eau; si sa réouverture intéresse la
confrérie, les bras des esclaves et des affiliés de Sîdi Moham-

med El-Mahedi y forent ou curent des puits, et elle est
rendue au commerce, mais à celui des Senoûsîya exclusivement. On reconnaît l'intelligence réelle de Sîdi Mohammed
Ben 'Ali Es-Senoûsî et de son fils dans un autre fait qui mérite d'être rapporté. La Cyrénaïque tout entière, la Marmarique et quelques points du désert de Libye sont cou-
verts de ruines romaines ou grecques, qu'on trouve souvent
dans des endroits aujourd'hui incultes et déserts. Le raison-
nement a suggéré bien vite au fondateur de la confrérie que
les vestiges des arts de l'antiquité répondaient presque
infailliblement de la présence de l'eau et de terres arables
sur les points où on les voit aujourd'hui, et ce sont ces
points qu'il a méthodiquement choisis, de préférence à tous
autres, pour y créer des établissements et faire faire des
essais de culture, souvent couronnés de succès.

Sîdi Mohammed El-Mahedi est aussi trop fin politique
pour négliger des moyens d'action qui séduisent toujours et
partout les masses. S'il n'en est pas encore arrivé à la con-
ception de la « poule au pot», qui a tant contribué chez nous
à la popularité du nom de Henri IV, il a réalisé quelque
chose d'approchant : tout musulman reçoit dans ses zaouiya
le gîte et la nourriture pendant trois jours et, dans certains
cas, on y ajoute même, très libéralement, des facilités pour
la suite du voyage. Le pélerin ou le visiteur arrivant à la
maison mère paraît-il intelligent on l'introduit auprès du
grand-maître, qui lui fait alors subir un interrogatoire
portant, non seulement sur le degré de ferveur des fidèles
de son pays natal et le laisser-aller condamnable avec lequel
les musulmans *saluent* maintenant les chrétiens et vont
même jusqu'à leur *tendre la main,* mais aussi sur l'*état des
campagnes, le bien-être de la population, les espérances que
donne la récolte prochaine.* Tout en recueillant ainsi des
données précieuses pour l'accomplissement de la mission
qu'il s'est attribuée, et pour le contrôle des dîmes qu'il a à
percevoir. Sîdi Mohammed El-Mahedi laisse ses informa-

teurs émerveillés de sa touchante sollicitude pour le sort matériel des frères, et même des musulmans assez aveugles pour rester étrangers à son ordre.

Il est enfin un autre aspect de l'esprit de l'action et des tendances de la confrérie que nous serions coupables de négliger, parce qu'il est tout à fait d'actualité et qu'il touche aux relations extérieures de Sîdi Mohammed El-Mahedi, nous voulons parler des précautions militaires qu'il prend, et fait prendre pareillement aux délégués de son autorité, les chefs de zaouiya. L'exemple de la zaouiya métropolitaine de Jerhboûb suffirait. Ce couvent renferme des écuries bien montées, et un arsenal contenant avec des quantités de fusils et des approvisionnements de poudre, *quinze canons* achetés à Alexandrie. Il a, dans ses dépendances, des ateliers spécialement destinés à l'entretien et à la réparation des armes, et paraîtrait-il aussi à la fabrication de la poudre. Et puis les maîtres de Jerhboûb, n'ont-ils pas, à 240 kilomètres à vol d'oiseau dans le nord, le meilleur port de la côte septentrionale d'Afrique, le port de Tobrouq, assez délaissé par le commerce légitime, mais où les navires de nations européennes font la contrebande de guerre entièrement au profit de la confrérie?

Jerhboûb est d'ailleurs organisé à la fois comme une petite capitale et comme une université; Sîdi Mohammed El-Mahedi a ses ministres (wouzîr), qui administrent chacun une branche des divers intérêts de la confrérie. L'un d'eux, le directeur des études théologiques, est son propre frère, Sîdi Mohammed Cherîf, savant très distingué. Le nombre des hôtes de cette maison-mère a varié suivant les époques et les informateurs, mais on peut calculer que les Algériens compromis, les Tunisiens, les Tripolitains, les Marocains et autres fanatiques, composant la garde du corps et le conseil de Sîdi Mohammed El-Mahedi, et les étudiants venus de tous les points de l'Afrique musulmane forment un groupe d'environ 750 individus, auquel il faut ajouter 2000 esclaves nègres servant de cultivateurs et de domestiques, en temps de paix, et qui se métamorphoseraient en combattants en cas de guerre. D'autres zaouiya, et beaucoup, sans doute, ont aussi un contingent plus ou moins nombreux d'esclaves; la zaouiya Zitoûn au nord de Sîwa, en emploie deux cents.

Ce sont là certes ! des gages de sécurité. Sîdi Mohammed El-Mahedi ne s'endort pourtant pas dans une aveugle confiance. Il redoute, comme une éventualité lointaine, sans doute, mais possible, qu'un jour ou l'autre une puissance chrétienne ne vienne lui demander compte de la guerre occulte qu'il lui a faite, du sang qu'il lui a fait verser, ou bien, peut-être appréhende-t-il aussi un revirement plus accentué dans les vues naguères très bienveillantes pour lui du sultan actuel ? Quoiqu'il en soit, depuis plusieurs années déjà, des mesures sont prises pour le cas où Sîdi Mohammed El-Mahedi se verrait forcé de chercher précipitamment un refuge dans les contrées de l'intérieur, l'oasis de Koufara ou le Wâdâï, et y transporter ses trésors. A la zaouiya d'Aziât, dont la position exacte, en Cyrénaïque, est encore inconnue, on entretient en permanence cinq cents chameaux de bât, avec leurs harnais et leurs outres, en bon état, et un nombre correspondant de convoyeurs nègres, qui sont prêts à se mettre en route, sur un signe, pour n'importe quel très long voyage. A la zaouiya de Nedjîla, située aussi en Cyrénaïque, cent chameaux et des nègres pour les conduire sont entretenus sur le même pied. On trouverait certainement d'autres réserves du même genre si on était admis à compulser les registres du ministre de l'intérieur à Jerhboûb ; nous disons, certainement, car la confrérie, si habile, si tenace quand il s'agit de préparer le mal qu'elle veut à autrui, est trop foncièrement politique pour ne pas pressentir aussi le le mal qu'on voudra lui faire à elle-même.

Le surnom seul de Sîdi Mohammed *El-Mahedi* renferme tout un programme politique. Le père du directeur actuel de la confrérie n'ignorait pas qu'une vieille prophétie musulmane annonce, pour le premier jour du mois de moharrem de l'an 1300 de l'hégire, la manifestation éclatante du *mahedi*, c'est-à-dire du réformateur des derniers jours, chargé de soumettre tous les humains au lois du prophète Mohammed avant le cataclysme de la fin du monde. A cette date le *mahedi* devait avoir atteint sa majorité; le nom de son père devait être Mohammed et celui de sa mère Fatma. Il devait avoir passé plusieurs années dans une retraite contemplative. Sur son lit de mort Sîdi Mohammed Ben 'Alî Es-Senoûsî avait pris soin de désigner son fils comme étant le réformateur promis. Le 1er moharrem 1300 Sîdi Mohammed El-Mahedi se trouvait, en effet, remplir toutes les conditions requises par le texte de l'ancienne prophétie, et il pouvait lancer un mot d'ordre incendiaire, qui eût trouvé des échos dans la moitié du monde musulman. Il ne l'a pas fait; il est resté inactif. Peut-être s'était-il endormi dans les jouissances de la fortune et du pouvoir? peut-être aussi est-il trop fin politique pour ne pas prévoir quel eût été le résultat d'une prise d'armes, même aussi formidable que celle dont il pouvait donner le signal? L'avenir nous apprendra si, ergottant sur une date, il a seulement ajourné la partie, ou s'il y renonce, renonçant alors aussi à la mission qui est la raison de son immense influence. — En tout cas, on verra plus loin qu'il a trouvé un concurrent.

Nous allons passer rapidement en revue la situation actuelle de la confrérie de Sîdi Mohammed Ben 'Alî Es-Senoûsî dans les trois parties du vieux monde.

En Europe, Constantinople est le seul point connu où elle ait flori, mais sous une forme très caractéristique. Il y a quelque temps, en 1882, l'ancien précepteur du sultan, le le cheïkh Mohammed Ben Dhâfer, un de ses affiliés, primitivement madanien, fut chargé de la direction de la politique islamique. A cette date S. M. 'Abd El-Hamîd, empereur des 'Osmanli, comblait d'honneurs Sîdi Mohammed El-Mahedi, et traitait de puissance à puissance avec le fils de celui qui, en 1861, avait placé 'Abd El-Medjîd, son ancien protecteur, sous le coup de l'excommunication majeure. En 1883 le sultan est mal avec la confrérie.

Pour l'Asie tout ce que nous savons des progrès de l'ordre est encore très vague. D'après un renseignement de source senoûsienne, l'Arabie aurait actuellement *douze* zaouiya en activité ; nous n'en connaissons qu'une, existant encore, celle de La Mekke, bâtie dans un lieu plein de souvenirs, à côté des tombes d'Adam, d'Ève et de Seth, sur le Djebel Aboû-Qoubaïs, et qui contient, avec les archives de l'ordre [1], une bibliothèque de huit mille volumes. Certaines indications autorisent à penser que des tribus du Hedjâz et, plus sûrement encore, une partie de la population du Yémen, sont affiliées à la confrérie. Quant à la Mésopotamie, où nous avions lieu de supposer que la propagande senoûsienne avait pénétré, grâce à une communication d'un des meilleurs connaisseurs du pays, le révérend père Fortunato, que M. Élisée Reclus a bien voulu recueillir, à Smyrne, et nous transmettre, nous devons croire que la Mésopotamie est indemne, ou du moins que la confrérie n'y a pas encore arboré à sa bannière.

Pour beaucoup d'Égyptiens intelligents et instruits, très au courant des questions politiques de leur patrie, la confrérie de Sîdi Mohammed Ben 'Alî Es-Senoûsî est inconnue. Pourtant cette association compte quelque dix-sept couvents sur le territoire égyptien, jusqu'au 18° de latitude nord, et c'est là pourtant, nous l'avons vu, qu'elle a établi en 1861, à Jerhboûb, lieu jusqu'alors désert, la base même de ses opérations. La nation égyptienne, prise en bloc, le paysan de la vallée du Nil, qui personnifie cette nation, ne se préoccupent pas, à beaucoup près, autant que leurs voisins de l'ouest des nuances aigres dans l'idée religieuse. Chez eux, heureusement, le fanatisme reste pour les masses un produit exo-

---

1. A moins que, dans les derniers temps, ces archives n'aient été transportées à Jerhboûb.

-tique, qui s'acclimate mal. Aussi, après l'expérience faite autrefois par le fondateur de la confrérie, expérience qui aboutit à la condamnation de sa doctrine par le clergé or- thodoxe du Caire, Sîdi Mohammed Ben 'Alî Es-Senoûsî et son successeur se sont-ils rejetés, à l'ouest du Nil, sur les Oulâd 'Alî et sur les oasis du désert de Libye où, dans un milieu intellectuel analogue, ils ont rencontré le même suc- cès que dans le reste du Sahara. La déplorable réception faite, en 1852, à l'abbé Hamilton, dans l'oasis égyptienne du Sîwa, a été un des premiers résultats de cette propagande.

Mais c'est dans la Tripolitaine (vilâyet de Tarâbolis El- Gharb), et plus spécialement encore dans la Cynéraïque (vilâyet de Ben-Ghâzi, ou pays de Barqa), que les Senoûsîya florissent en défiant toute rivalité. Dans la dernière province ils ont fait et font peut-être encore la loi aux autorités turques. Il y a un an environ Son Excellence 'Alî Kemâli Pâchâ, alors wâli, ou gouverneur de Barqa, se considérait premièrement comme l'indigne serviteur de Sîdi Moham- med El-Mahedi, et en seconde ligne seulement comme un haut fonctionnaire ottoman. Son successeur, le général de division El-Hâdj Rachîd Pâchâ, est un frère senoûsien non moins exalté et non moins devoué que lui aux intérêts et à la politique de la confrérie. Le moqaddem résidant à Ben- Ghâzi, Sîdi 'Abd Er-Rahîm El-Makboûd, sorte de demi-dieu pour les fidèles, daigne même oublier chaque mois les sphères célestes pour toucher les arrérages de 125 francs du traitement que lui fait la Sublime Porte. Quand aux administrés de ce qui reste ici de gouvernement aux Otto- mans ou peut juger de l'influence qu'a prise sur eux la con- frérie de Sîdi Es-Senoûsî d'après ce trait de mœurs que nous a rapporté M. Ricard : Un bédouin de la Cyrénaïque affirme- t-il un fait en jurant sur la tête du prophète Mohammed, il ment peut-être, mais obtient-on de lui ce serment : بامب ... خصمي في الزوية « *Que je sois exclus de la zaouiya!* si... » on peut être assuré qu'il dit la vérité. Ici pourtant le

puritanisme et le rigorisme des Senoûsîya ont produit un résultat moral appréciable : les nomades de la Cyrénaïque ne
poussent plus l'hospitalité jusqu'à une coutume très primitive,
qui s'est perpétuée depuis l'époque d'Hérodote jusqu'à nos
jours, et dont très probablement avaient dû s'accommoder
tour à tour le spiritisme berbère, le paganisme grec et
latin, le christianisme et l'islâm orthodoxe, celle de céder
les droits de l'époux à l'hôte! Où chercher une preuve
plus convaincante de ce que, chez quelques peuplades
du moins, l'influence du senoûsisme a été plus profonde,
plus radicale, que celle de deux grandes religions qui ont
révolutionné le monde? Il n'y a pas bien longtemps encore
la confrérie de Sîdi El-Madani donnait le ton aux rares
mulsulmans dévots du vilâyet de Barqa. Cet ordre y a été
dépassé, éclipsé et finalement englobé par les Senoûsîya;
sa zaouiya d'Adjedâbîya fonctionne maintenant comme
séminaire senoûsien. Et, sans être un devin, on peut avancer qu'au moment de la transformation il y eut parmi les
élèves madaniens de la zaouiya d'Adjedâbîya, moins de
déserteurs que parmi les élèves de l'institution de l'abbé
Poiloup, à Vaugirard, lorsque l'instruction y passa aux
mains des Jésuites (1854). Ce mouvement irrésistible d'ab-
sorption vient de s'étendre jusqu'aux 'Agâïl, ces paisibles
et riches marabouts de Tolmeïta, que leur tolérance originelle doublée, il est vrai, d'un très puissant intérêt de
minaret, avait longtemps tenus éloignés des Senoûsîya. En
résumé trente-huit couvents dont les plus anciens datent
d'avant 1845, prennent soin, en Cyrénaïque sur la grande
Syrte, etc., de ce que la ferveur et l'obéissance à la confrérie des tribus des Chouâri, Djerâra, El-Chehibât, El-
Fouâkher, Za'ïbât, Hâssa, 'Abeïdât, Berâsa, Zouiya, Touâher,
'Orfa, Berâgheta, Doursa, Oulâd Boû-Chaloûfa, 'Awâguir,
'Areïbât, Moghâreba, Zaouiya, etc., ne tiédisse pas. Leurs
efforts ont été bientôt couronnés de succès; on en trouve la
preuve dans les vexations et les persécutions auxquelles ont

été en butte les savants archéologues dans les ruines de Cyrène, propriétés de la confrérie, de Barth (1846) aux missionnaires du British Museum, le capitaine Smith et M. Porcher (1860). Ajoutons que les établissements religieux de la Cyrénaïque ont eu pour premiers clients les membres de fractions des tribus algériennes qui, à différentes dates, depuis la manifestation du senoûsisme, n'ont pas reculé devant les hasards et les dangers d'une migration de plus de 2000 kilomètres, en pays inconnu, avec femmes, enfants bagages et troupeaux, pour aller chercher le régime du droit divin à l'ombre de l'autorité du chef de la confrérie. Ajoutons encore, pour être un historien impartial, qu'avant l'introduction des doctrines senoûsiennes l'ignorance régnait sans partage en Cyrénaïque, où les arts et les lettres avaient flori avec le paganisme grec et le christianisme latin. Ce sont les Senoûsîya qui ont fondé les *seules* écoles qu'on y trouve actuellement, écoles qui ont été le plus sûr véhicule de leur influence.

Plus à l'ouest, dans la Tripolitaine proprement dite, pays infiniment moins fertile mais aussi moins arriéré que le précédent, les zaouiya se font plus rares. On n'en compte que dix-huit sur une aire comparable à celle de la Cyrénaïque, mais, de ces dix-huit couvents, seize, au moins, n'existaient pas encore il y a de cela seulement vingt ans! Les Sîa'ân, les Nouâïl et autres tribus qui errent dans la plaine de Djefâra, que nous avions trouvées, en 1860, aussi tolérantes que possible, les bons et humains marabouts Oulâd Boû-Seïf dont l'un, une connaissance de la veille, ne craignit pas de rester notre ami dans une circonstance dangereuse où les fidèles désertaient, etc., ont tous été depuis lors plus ou moins fortement contaminés du virus senoûsien. A Tripoli même c'est le moqaddem de l'ordre de Sîdi El-Madani, Sîdi Hamza Ben Dhâfer, frère du trop célèbre Mahommed Ben Dhâfer, l'ex-conseiller intime et prieur du sultan 'Abd El-Hamîd, qui a dirigé de 1879 à 1883 les intérêts de notre confrérie,

maintenant confondus ici, comme à Adjedâbîya et en
d'autres points encore, avec ceux des Madanîya. Quant au
Fezzân et à la partie du désert de Libye soumise au gouvernement ottoman, on peut avancer que, de Jerhboûb à
Rhât et de Ghadâmès à l'oasis de Koufara, tout cerveau
humain y est inféodé à la confrérie, ou doit compter avec
les directeurs des vingt-deux couvents, qui ont été savam-
ment distribués dans toutes les oasis autour desquelles est
groupée la population. Parmi les zaouiya dont il est question deux sont situées à Ghadâmès même, ou près de ce
grand centre commercial, sur la frontière de l'Algérie; une
autre, à Mizda, sert de point de ravitaillement et de bureau
d'information aux émigrants algériens dont nous parlions
tout à l'heure. L'histoire du couvent de Mizda est instruc-
tive : en 1850 le plus clair de sa fortune consistait en
huit pigeons, et Henri Barth entendait les doléances du
moqaddem sur l'indifférence des habitants; quinze ans plus
tard, en 1865, le très modeste directeur de cette maison
jadis vide était devenu une puissance, et un des successeurs
de Barth voyait le moqaddem Sîdi 'Abd Allah non seulement donner une large hospitalité à de riches familles de
la tribu algérienne des Oulâd Sîdi Ech-Cheïkh révoltés,
mais encore fournir à ces « martyrs de la sainte foi » un
viatique avec le produit de ses quêtes. Le lecteur nous
permettra de mentionner encore dans les mêmes parages
une troisième zaouiya, celle de Zouîla, la ville sainte du
Fezzân (moudirîya de Cherguîya) où, malgré le firman du
sultan 'Abd El-Medjîd dont nous étions porteur et l'escorte
accordée par le gouverneur de la province, on nous menaça,
en 1861, de donner le signal de la guerre sainte contre notre
humble personne, et contre des musulmans, nos serviteurs
arabes et notre gendarme turc, si nous ne nous hâtions pas
de débarrasser les environs de notre présence[1]. Un voya-

---

1. Le cherif, chef de Zouila, auteur responsable de cette faute, dans
laquelle il avait été acteur principal, fut mis aux fers sur les représenta-

yeur étranger, qui compte à juste titre parmi les plus
célèbres, et qu'on pouvait considérer comme des mieux
préparés pour aborder un milieu musulman difficile, le
docteur Gérard Rohlfs, après avoir d'abord fermé les yeux
sur les dangers du senoûsisme, a eu, en 1879, dans l'oasis de
Koufara, un terrible rappel à la réalité. Il s'estima heureux
de sauver sa vie et celle du docteur Stecker en sacrifiant la
plus grande partie de ses projets et de son avoir.

Depuis longtemps soumise à l'influence plus directe de
l'Europe, la Tunisie n'avait vu se produire que de faibles
ou très adroites manifestations de la politique de la confrérie. En 1882, déguisés en Qâderiya, les Senoûsiya y ont,
il est vrai, entrepris une vigoureuse campagne en attaquant
l'État par la tête, mais sans obtenir le succès qu'ils espé-
raient. Ils n'ont formé que des prosélytes isolés dans le
Tell tunisien; dans le Sahara leur propagande a été plus
fructueuse et a attiré à eux les tribus remuantes des Ourghamma, des Haoûâya, et des Hamâmma, ces derniers
jusqu'alors affiliés à la confrérie des Rahmânîya, auxquels il
faut peut-être ajouter une tribu moins mal famée qu'eux, les
Benî Zîd. Quant aux couvents, la Tunisie n'en compte que
cinq, à Menzel Kheïr, Douïrât, Zaouïyet El-Harth, Kerîz,
Zaouïyet El-'Arab, qui avouent porter la livrée intellectuelle de Sîdi Mohammed Ben 'Alî Es-Senoûsi, et dont le
plus ancien date de 1857, tandis que dix-sept autres
centres au moins possèdent des zaouiya de confréries qui
sont en voie de se fondre dans celle qui nous occupe.

tions de M. Botta, consul général de France, et conduit (trente-cinq jours
de marche d'été dans le Sahara) à Tripoli, où on le garda en prison jusqu'à ce que le pardon lui arrivât de France. Mais, c'était en 1861, au
lendemain du règne de S. M. 'Abd El-Medjîd, l'*excommunié*, et avant
qu'une politique rétrograde ait pu se dessiner à Constantinople. Peu de
temps après un voyageur allemand, Maurice von Beurmann, constatait en
passant l'heureux effet produit par cette leçon nécessaire. Il n'eut pas à
se plaindre du fanatisme des gens de Zouïla. La haine de la confrérie ne
s'en attacha pas moins à ses pas, et il devint sa victime, ainsi qu'on le
verra plus loin.

Patrie de Sidi Mohammed Ben 'Alî Es-Senoûsî, l'Algérie française aurait pu être fermée au senoûsisme officiel; les faits prouvent là en faveur de notre tolérance, pour ainsi dire illimitée, de la liberté que nous avons laissée à la pensée tant que le penseur n'en appelait pas directement

La zaouiya de Mazoûna, d'après un dessin de M. Charles Féraud.

aux armes contre nous. C'est à Mazoûna, dans le Dahra, à 75 kilomètres de Mostaghanem (département d'Oran), qu'on trouve la zaouiya qui a été le berceau de la confrérie de Sîdi Mohammed Ben 'Alî Es-Senoûsî en Algérie, et qu'a long-temps dirigée le cheïkh Mohammed Ben Tekoûk. Le théolo-gien dont nous parlons est un modèle de la race d'hommes

politiques consommés qu'a enfantés le senoûsisme. Ennemi
né de notre domination, des allures de notre civilsation, il
a su, de l'avis d'un des meilleurs connaisseurs du milieu,
M. le commandant Mounier, mériter le rôle et la réputation
de martyr, sans avoir donné jamais prise sur lui. Chaque
vexation de notre part lui a valu un triomphe, et n'a fait
qu'augmenter sa popularité et son influence. Il agit, lui,
pourtant un des premiers senoûsiens et des confidents du
fondateur de l'école dans la phase la plus brûlante de
l'œuvre, comme s'il était tolérant. Son fils et héritier présomptif paraît au contraire se préparer à jouer le rôle d'un
fanatique ultra. Maintenant le vieux cheïkh Mohammed Ben
Tekoûk est à la tête d'une autre zaouiya, située près de
Madar, sur la commune mixte de Hilil. *Cave sacerdotem!*
voudrions-nous voir écrit sur la porte de ce nouveau sanc-
tuaire. D'autres points de la province d'Oran possèdent aussi
des couvents senoûsiens : Mostaghanem, la plaine d'Eghreïs
(Zaouiya Sîd Ahmed Ben En-Nàçer), et Moghâr Tahtâni.
Ce dernier fut fondé en 1874 par Mohammed Ben El-'Arbî
Ben Boû-Hafç, des Oulâd Sîdi Tâdj (Oulâd Sîdi Ech-Cheïkh
Gharâba), dont les journaux français ont pendant longtemps
enregistré les hauts faits, sous son surnom de Boû-'Amâma.

Nous indiquons donc dans la province d'Oran cinq couvents senoûsiens, tandis que le dénombrement officiel de
1882 n'en signale qu'un. Ce document accuse aussi vingt-
huit moqaddem et quatre cent quarante-quatre frères, soit
un dignitaire de la confrérie par chaque groupe de seize affiliés ! La fausseté des déclarations qui ont servi à établir cette
partie du dénombrement saute aux yeux en considérant cette
proportion. Devant les autorités françaises du département
d'Oran les Senoûsîya se sont soustraits au dénombrement
comme et pour le même motif que chercheraient à se sous-
traire les simples musulmans du Pé-Tchi-Li à un dénombrement confessionnel fait par le gouvernement chinois.
Pour apprécier exactement les forces de la confrérie de Sîdi

Mohammed Ben 'Alî Es-Senoûsî dans la province d'Oran, il faut garder en vue que les tribus suivantes sont maintenant soumises à son influence, par l'entremise des Oulâd Sîdi Ech-Cheïkh, sinon toutes composées réellement de frères bien et dûment recrutés. Près de Zemmoûra et dans le cercle de 'Ammi Moûsà, les Flitta, les Halloua Cheråga, les Qeraïch Gharâba, les Oulâd Khouîdem. Dans les environs de Relizân, les Akerma, qui connaissent les routes du Touât. Autour d'El-Ma'asker (Mascara) les Beni Chougrân. Dans le cercle de Mostaghanem une tribu berbère, les Medioûna, qui ont professé le judaïsme avant d'accepter l'islâm; puis les Benî Zerouâl, les Medjâher, confédération de tribus à laquelle appartient la famille du fondateur de. l'ordre, et les Bordjîya. Près de Saint-Denis du Sîg les Tahallaït. Autour d'Oran les Gharâba, les Zemâla et les Douâïr. Plus loin, dans le sud et le sud-ouest du département, les Oulâd Zaïr et les Oulâd Khalfa des environs de 'Aïn Temoûchent; les Oulâd Mimoûn et les Benî Semi'el de la commune mixte de Lamoricière; les Oulhâça, tribu berbère qui a eu sa célébrité, aux environs de Remchi, sur la Tafna, tous serviteurs avoués des Oulâd Sîdi Ech-Cheïkh. Dans le cercle de Tîhâret, les Oulâd Cherîf, les Oulâd Khelif et les Oulâd Boû-Rennân. En arrivant aux hauts plateaux on trouve de nombreuses et fortes tribus, qui sont avant tout inféodées à l'ordre des Boû-Chikhîya (Oulâd Sîdi Ech-Cheïkh), et qui, en cette qualité, ont récemment commencé à recevoir par leurs anciens chefs spirituels le mot d'ordre de Jerhboûb. Tels sont les belliqueux Harâr, à l'est du Chott El-Chergui; les Terâfi, sur la ligne de Sa'ïda à Géryville; les Laghouât El-Kesân des environs de Géryville; les Hameyân, près de la frontière du Maroc; les 'Amoûr, qui campent habituellement autour de Figuig, et les Oulâd Sîdi Ech-Cheïkh, cette grande tribu religieuse qui se vante d'une noblesse de premier cartel, qui est ou se dit apparentée d'une part avec les sultans-chérifs du Maroc, et d'autre part avec

les Oulâd Sîdi Mohammed, princes-marabouts de l'Azaouâd,
de Timbouktou et du Masina, et dont l'influence religieuse
se transforme aisément en direction politique non seulement
dans tout le sud de la province d'Oran, et à l'extrémité sud
de la province d'Alger, mais sur la zone frontière marocaine, dans l'Adrâr, le Hôdh, le Bâguena, le Tidîkelt et dans
le Âhaggar, c'est-à-dire jusqu'au cœur du Sahara et à la
rive nord du Sénégal. Les vieux liens de parenté de nos
ennemis actuels, les Oulâd Sîdi Ech-Cheïkh avec les Oulâd
Sîdi Mohammed, famille princière de Kounta, créent un
écueil pour l'avenir de nos relations avec le bassin du Niger
moyen. Il suffit de se rappeler la longue révolte (1864-1883)
dont l'assassinat du colonel Beauprêtre et du lieutenant
Weinbrenner, l'attaque de la mission topographique du chott
Tigrî et tous les méfaits commis contre les convois militaires
et contre les colons dans le sud-oranais sont les incidents mar-
quants, pour comprendre ce que, sous l'influence de la confrérie, les Oulâd Sîdi Ech-Cheïkh ont été et sont encore
capables de faire contre nous, hors des limites actuelles de
nos possessions. Leur noblesse originelle, dont ils sont pourtant si fiers, ne les empêche nullement d'agir d'une manière
déloyale. Le 4 septembre 1859, muni d'une lettre pressante
de recommandation de Sîdi Hamza, chef des Oulâd Sîdi
Ech-Cheïkh, nous nous présentions à El-Golêa'a, ville
soumise à leur influence religieuse, mais alors encore
indépendante de la France. Nous dûmes nous estimer très
heureux d'en sortir la vie sauve, après avoir entendu
discuter en conseil, plusieurs heures durant, si oui ou
non on nous tuerait. Un mois après, un administrateur très
expérimenté, qui avait étudié dès l'enfance la langue et
le caractère des Arabes, le brave et sympathique commandant Margueritte, nous disait à Laghouât : « Autant je con-
nais l'homme, rien ne m'étonnerait que tout en vous en-
voyant la lettre de recommandation pour les gens d'El-Golêa'a, Sîdi Hamza les eût fait prévenir directement, d'avance,

d'avoir à se comporter vis-à-vis de vous aussi mal que possible. » Un an plus tard, environ, nous étions campés dans
une des vallées désertes du Tasîli, ou plateau des Azdjer, à
mille kilomètres d'El-Abiod Sîdi Ech-Cheïkh. Un jour que
nous allions, suivant notre coutume, nous accroupir dans
le cercle de notre protecteur Ikhe noûkhen, chef actuel de
la confédération, celui-ci, nous désignant un étranger, vêtu
à l'arabe, et le visage soigneusement caché sous les plis de
son hâïk, nous dit : « Regarde bien cet homme! Le connais-
tu? Non. Eh! bien c'est ton ami Hamza qui l'a envoyé ici
pour m'engager à te tuer, ou pour qu'il te tue lui-même si
je refusais de le faire ! »

L'histoire de l'ordre nous a obligé de briser le fil géographique de cet exposé. Avant de passer au Maroc, voyons
dans quelle situation sont les tribus des provinces d'Alger
et de Constantine par rapport à la confrérie. C'est par l'ordre religieux de Sîdi 'Alî Chadhelî, dont la principale zaouiya
est située en Algérie, à Qoçeïr El-Bokhâri, le Boghari des
documents officiels, que le senoûsisme se propage en secret
dans le Tell de la province, autrement dit dans le département d'Alger. Je dois cette donnée précieuse à un travail-
leur sérieux et jeune émule en explorations sahariennes,
M. le lieutenant Le Châtelier, qui l'a constatée sur les lieux,
étant attaché au service des affaires indigènes. Les tribus du
département qui suivent la direction et subissent l'influence
de l'école chadhelîya, et qui ont déjà commencé et tendent
de plus en plus à se rallier au senoûsisme sont les suivantes :
Autour de Boghâr et de Qoçeïr El-Bokhâri, les Oulâd 'Allân,
à l'est ; les Oulâd Mokhtâr Gharâba, au sud-est ; les Abâdlîya
et les Rahmân au sud ; les Oulâd Boû-'Aïch et les Oulâd
Azîz, au sud-ouest ; plus loin, sur toute la zone des hauts
plateaux, le grand groupe des Oulâd Naïl, fanatisé jadis par
les écoles de Mesa'ad et de Boû-Sa'ada ; à la porte du Sahara
enfin, un groupe de frères constitué chez les Beni Laghouât
par Mohammed Ben 'Abd Allah, et qui a survécu à la ter-

rible leçon du siège et du bombardement de Laghouât, le
4 décembre 1852, et de la prise, *sur la confrérie*, de cette
oasis et de cette ville, jardin par jardin, rue par rue, maison par maison. Car, si les acteurs français de ce fait d'armes ne se doutaient pas du nom de leur véritable adversaire, l'histoire peut aujourd'hui le désigner en parfaite
sûreté. L'organisateur de la défense de Laghouât n'était
autre que Mohammed Ben 'Abd-Allah, l'ancien khalîfa de
Telemsân qui, ayant été prié par nous de faire le voyage de
La Mekke, s'y était affilié à l'ordre de Sîdi Es-Senoûsi, dont
il était devenu le bras droit, et qu'un allié momentané de la
confrérie, le gouvernement ottoman, nous croyant affaiblis
par la révolution de 1848, avait dirigé sur l'Algérie, par
Tripoli, flanqué d'un nouveau gouverneur de ce vilâyet,
'Izzet Pâchâ, sur le concours duquel la confrérie pouvait
aussi compter les yeux fermés. Mohammed Ben 'Abd Allah
agissait à Laghouât, comme à Warglâ, en qualité de vicaire
de Sîdi Es-Senoûsi. Au sud-ouest de Boû-Sa'ada nous trouvons les Chorfâ El-Hâmel ; à l'ouest de Mesa'ad, les Oulâd
Sa'ad Ben Sâlem ; au nord de Djelfa, les Oulâd Dîya. En
remontant dans la zone montagneuse du nord, il faut noter
les groupes suivants : autour de Miliâna, les Soumâta à
l'est-nord-est et les Boû-'Alouân, à l'est ; les Benî Ahmed
et les Hâchem au sud-est. Autour de Medîya (Médéah), les
Djendel, à l'ouest, et peut-être les Gherîb, au sud-ouest,
sur le territoire desquels fut fondée la première zaouiya
chadhelîya en Algérie. Autour d'Orléansville, les Medjâdja
et les Oulâd Qoçeîr, au nord, et les Sendjâs, au sud. Autour
de Thenîyet El-Hâd, au nord-est, la grande tribu des
Matmâta, qui avaient autrefois déjà manifesté leurs vel-
léités de progrès religieux en embrassant avec ardeur le
schisme ibâdite ; à l'est, les Oulâd Belâl ; au sud-est, les
Douï Haseni ; au sud, les Oulâd Châïb, les Mouâïd Gharâba, les Zenâkha El-Mouâcha, les El-Ghouît, les Oulâd
Thâbet, les Oulâd Sîdi Dâoud, et plus loin les Çahâri Oulâd

Brâhîm; au sud-ouest, les Benî Maïda et les Benî Lemt;
au nord-ouest, les Benî Fâtem. Autour de Methlili et d'El-
Golêa'a, les tribus sahariennes remuantes et indisciplinées
des Cha'anba Berâzga et des Cha'anba El-Mâdi. Ces dernières ont été des recrues pour la politique senoûsienne par
le fait qu'elles se trouvaient à première place pour recevoir
les ardentes prédications de l'agitateur Mohammed Ben
'Abd-Allah, mais beaucoup aussi en raison de l'influence,
plus lente mais plus durable, que les Oulâd Sîdi Ech-Cheïkh
exerçaient sur elles depuis leur origine même. [Toutes ces
tribus dont la population donne un total fort imposant ne
sont pas, ou ne se disent pas, toutes senoûsiennes. Nous
ne les considérons pas non plus toutes comme régulière-
ment affiliées à la confrérie que nous étudions. Mais si
elles ne renferment que quelques' frères avoués de Sîdi
Mohammed Ben 'Alî Es-Senoûsi, elles comptent un très
grand nombre de frères de l'ordre d'où dérive celui-là, et
dont le sépare une nuance subtile, facile à faire disparaître.]
Le dénombrement de 1882 des khouân d'Algérie a pu
découvrir un moqaddem et trente quatre frères de Sîdi
Mohammed Ben 'Alî Es-Senoûsi dans la province d'Alger !

D'après le même document, il n'y aurait pas de Senoûsîya dans la province de Constantine. Or nous avons de
bonnes raisons pour croire qu'il y en a maintenant dans
une partie au moins de la Kabylie de Bougie, chez les Aït
'Abbâs. Le docteur Reboud signale comme un couvent senoûsisé la zaouiya tidjânienne de Haouch Sîdi Eç-Çâdoq, près
Khanguet El-Hadjâr, non loin de la gare de l'Ouâd Zenâti.
Nous avons déjà eu l'occasion d'appeler l'attention sur la
transformation qui paraîtrait s'accomplir dans le sein de la
confrérie de Sîdi Ahmed El-Tïdjâni, qui a de nombreux
moqaddem dans cette province, et jusqu'à Constantine
même, et dont le couvent principal, après celui de 'Aïn
Mâdi (province d'Alger), est le Zaouiya Sîdi El-Hâdj 'Alî, à

Tâmellâht, près Temassîn (province de Constantine). Il en
serait de même aussi de la communauté religieuse de
Timmer-Mâsin, dans les montagnes de l'Ahmar Khaddhou,
dont le fondateur, Sîdi Eç-Çâdoq (1859), et les fils (1871
et 1874) ont soulevé ou cherché à soulever contre nous leurs
clients, les Berbers de l'Ahmar Khaddou et de l'Aourâs. A
l'ouest les Çahâri du Hodna gravitent sans doute dans les
mêmes tendances chadheliennes que les Oulâd Nâïl. Au sud,
dans le pays de Warglâ, nous retrouvons chez les Sâ'ìd et les
Mekhâdema, et chez les Cha'anba Boû-Roûba, les derniers serviteurs de la confrérie des Boû-Chikhîya dont
la situation vis-à-vis du senoûsisme a été précisée plus
haut.

A l'ouest de l'Algérie nous avons pour voisin un empire
musulman, le Maroc, dans les affaires intérieures duquel
l'Europe n'intervient pas, et où la confrérie de Sîdi Mohammed Ben 'Alî Es-Senoûsi ne trouvait, comme plus tard
en Égypte, d'autre frein que les convenances du gouvernement et d'un clergé orthodoxe, ici docile aux enseignements
de la toute-puissante confrérie de Moûleï Tayyeb, qui est
le bras droit de l'empereur, et *vice versa*. On a vu qu'au début de sa carrière le théologien militant dont nous résumons
l'œuvre avait cherché un refuge au Maroc, où il était arrivé,
à Fâs, comme étudiant de la fameuse université de Djâma'
El-Karouiyîn plutôt que comme professeur et chef d'école.
Mais, même à cette date (1824-1827), un homme aussi ar-
dent et aussi ambitieux ne pouvait pas, pendant un séjour
de trois années, ne pas semer autour de lui quelques étin-
celles de la pensée qui le dévorait déjà. Certains de ses con-
disciples, sans doute, les recueillirent et les transmirent à
d'autres. Longtemps la nouvelle doctrine, gênée par un souverain qui est en même temps pape, et par les intérêts ri-
vaux, d'ordre tout à fait temporel, de la confrérie de Moûleï Tayyeb, dût rester une force latente. Soixante-sept ans
plus tard le nord du Maroc possédait trois zaouiya de Sîdi

Es-Senoùsî, à Tanger, à Tétouàn et à Fâs, et presque toutes
avaient été fondées depuis 1877. Il y a un quatrième groupe
scolaire dans l'oasis de Figuîg, à El-Oubbâd, où réside le
cheïkh Sid El-Menouâr Ben El-Horma, des Oulàd Sîdi Ech-
Cheïkh Gharâba, oncle et beau-père de Boù-'Amâma, et un
cinquième groupe dans le Tafilèlt, oasis pourtant peuplée
presque exclusivement par les nombreux descendants de la
famille impériale. D'après une donnée, qui serait à vérifier,
le port de Rabât, dont le nom veut dire *couvent fortifié
contre les infidèles*, aurait aussi un centre de fanatisme,
peut-être de fanatisme sounoûsien.

Si nous avons complètement saisi le sens des indications
qu'un des hauts personnages du gouvernement marocain
a bien voulu nous communiquer lors de son passage à Paris,
la majeure partie des Senoùsîya du Maroc s'abriteraient sous
la bannière des Derkâwa] leurs précurseurs, et c'est dans les
zaouiya derkâwiennes de Rabât, du Djebel Boù-Berîh, chez
les Benî Zerouàl, et de l'oasis de Medaghra, sur l'Ouàd Ziz,
au nord du Tafilèlt, qu'il faudrait chercher dans l'empire
d'occident des musulmans, les principaux foyers de rayonne-
ment de la propagande que nous étudions.

Quant à la clientèle marocaine de la confrérie, elle se
compose probablement de quelques tribus du Rîf, notam-
ment les Ghomâra, et d'autres noyaux dans les villes impé-
riales nommées tout à l'heure. Mais le plus gros et le plus
clair de ses forces est dans la partie ouest du territoire, où
toutes les tribus affiliées à la confrérie-sœur des Boù-Chi-
khîya doivent maintenant être rangées parmi les adhérents au
senoûsisme. Ces tribus sont : les Benî Matar (berbères), dans
le bassin de la Moloùya; les Mehâya (arabes), à l'ouest et au
sud du chott qui porte leur nom; les Beràber (berbères),
peuplant au moins trente-six villages fortifiés sur les flancs
sud-est de la fin de la chaîne du grand Atlas; la confédération des Benî Guîl, au sud et à l'ouest du Chott Tîgrî, et qui
possède sept villages, dont les derniers sont dans l'oasis de

Figuîg ; les Oulâd Djerîr, issus des Hameyân, qui campent au sud-ouest de Figuîg, où ils possèdent aussi deux villages ; les habitants de l'oasis de Medâghra, où réside le cherîf Mohammed Ben 'Alî[1], chef actuel de la confrérie des Der-kâwa, frères aînés et complices actuels des Senoûsîya ; les Oulâd Bel-Guîz, dont font partie les Douï Menîa', au nord du Tafîlêlt ; des berbères sédentaires, les Benî 'Abbàs et les Benî Goûmi, et enfin, les Aït 'Attâ, forte confédération ber-bère au nord-ouest du Tafîlêlt. Comme il fallait s'y attendre S. M. le sultan du Maroc a donné des témoignages de sa piété et de sa libéralité aux familles des Oulâd Sîdi Ech-Cheïkh algériens qui, ayant levé l'étendard de la révolte contre la France, étaient venus se réfugier sur ses États. En 1879 ou 1880 le capitaine anglais et madame Colville ren-contraient, près de Meknàsa, les camps de ces exilés. Reçus partout à bras ouverts, ils obtenaient de la munificence du souverain qui un lopin de terre, qui un troupeau de vaches, et ceux d'entre eux qui étaient venus à lui céliba-taires, une épouse.

Achevons maintenant de passer en revue l'ouest de l'A-frique musulmane en nous rendant du Maroc au Touàt par l'Ouâdi Es-Saoûra. Dans la partie ouest du Sahara central le Gourâra, ce groupe serré d'oasis, le Touàt proprement dit et In-Çâlah ont chacun une zaouïya de la confrérie de Sîdi Es-Senoûsi. A In-Çâlah, le fondateur de la communauté a été un de nos ennemis mortels, El-Hàdj Ahmed Ben Touàti, moqaddem de l'ordre pour tout le Sahara occidental. Un puissant seigneur, El-Hàdj 'Abd El-Qâder Ould Bà-Djoûda ; chef de la belliqueuse tribu des Oulàd El-Hàdj Bà-Djoûda et l'un des maîtres du commerce transsaharien, lui a succédé

---

1. Il sera facile de donner une idée du prestige du cherîf Mohammed Ben 'Alî, chef des Derkâwa. Lorsqu'il lui écrit, le sultan du Maroc le qua-lifie de *père*. Et le sultan de Constantinople lui-mème apprécie assez l'in-fluence de ce chef de confrérie pour l'avoir honoré de la visite d'un de ses agents particuliers au mois de novembre 1881.

en 1864. Tous les Oulâd El-Hâdj et les Oulâd Bâ-Hammou étaient déjà senoûsisés en 1860, mais, à cette date, la confrérie ne comptait pas d'autres affiliés dans les oasis qui s'échelonnent entre et y compris le Tidikelt et le pays des Mehârza.

Au sud-est et à l'est d'In-Çâlah commence le pays des Touâreg du nord, géographiquement et politiquement divisé en Âhaggar et en Azdjer. Parmi les Ahaggâr la tribu des Tédjéhé-n-Esakkal, ou Oulâd Mesa'oûd, a de tout temps suivi la politique des Oulâd Sidi Ech-Cheïkh. Elle s'est, comme eux, entièrement senoûsisée. Quant aux autres tribus du Âhaggar, par la trahison de leur chef Ahîtârhen et la destruction de la mission du colonel Flatters, en 1881, elles ont indirectement mais cruellement donné la preuve palpable de leur soumission à la confrérie. Une lettre de Ahîtârhen, adressée au préfet turc de Ghadâmès, et dont, avec un laisser-aller tout oriental, l'ex-gouverneur de Tripoli donna communication au consul général de France, M. Charles Féraud, montre que le chef des Ahaggâr sentait qu'il avait agi dans les vues du sultan, élève, ne l'oublions pas, du cheïkh Mohammed Ben-Dhâfer, c'est-à-dire, de l'agent de la politique senoûsienne à Constantinople. On est tout naturellement amené à rapprocher la conduite d'Ahîtârhen de faits, uniques dans leur genre, étant donnés la majesté de la Sublime-Porte et les usages de la chancellerie ottomane, de ces missions confidentielles envoyées par le sultan, en 1881 aussi, aux chefs des confréries des Derkâwa et des Senoûsîya.

Absolument indifférente à la nouvelle doctrine religieuse et politique, en 1860 et 1861, quand nous l'étudions sur place, la confédération des Azdjer paraît s'y être ralliée depuis, dans une certaine mesure. Alors déjà elle comptait dans les Kêl Tin-Alkoum du Fezzân, et quelques autres de ses tribus, des affiliés à l'ordre de Sîdi El-Madani. Nous basant sur la transformation qui s'est opérée ailleurs chez les

madaniens nous supposons que c'est par cette dernière confrérie que les Kêl Tin-Alkoum et, avec eux, d'autres tribus
des Azdjer, ont été en partie amenés au senoûsisme.

Nous soupçonnons aussi, et non sans motifs, que l'action
des moqaddem de la confrérie sur les Oulâd Sîdi Ech-
Cheïkh, sur les Azdjer et les tribus arabes du Fezzân occidental, Oulâd Boû Seïf et Hasaoûna, a eu, entre autres résultats déplorables : le massacre de Mlle Alexine Tinné et de
ses compagnons, dans l'Ouàdi Aberdjoûch (1869); le massacre de Dournaux-Dupéré et de Joubert, près du puits
d'In-Azhâr (1874); le massacre des pères Paulmier, Bouchard et Ménoret, de la mission de Methlîli, au delà d'In
Çâlah (1876), et le massacre des pères Richard, Morat et
Pouplard, de la mission de Ghadâmès, dans le nord du pays
d'Azdjer (1881).

Au sud de cette confédération les Kêl-Owî d'Aïr fléchissent, pour la même cause que les Azdjer; au sud des
Ahaggâr la confédération des Aouélimmiden, qui chevauche
sur le Dhiôli-Ba, ou Niger, et qui était jadis sous la tutelle
pondérante des bons, humains, savants et intelligents marabouts, membres de la famille des Oulâd Sîdi Mohammed El-Kounti, apparentée avec la dynastie impériale du
Maroc et attachée à la règle de Sîdi 'Abd El-Qâder El-
Ghîlâni, les Aouélimmiden, disons-nous, sont fortement
attaqués par le senoûsisme. C'est qu'aussi leurs maîtres
spirituels, sur qui la civilisation avait pu fonder tant d'espérances fléchiraient... Timbouktou, la ville célèbre par son
commerce, à laquelle les éloquentes leçons de science, de
tolérance et d'humanité du cheïkh Sîdi Ahmed El-Bakkâï,
chef de la famille des Oulâd Sîdi Mohammed El-Kounti,
avaient donné, il y a trente ans, une nouvelle célébrité dans
la moitié de l'Afrique musulmane, Timbouktou a maintenant un couvent senoûsien ! Rappelons que l'influence religieuse des Oulâd Sîdi Mohammed El-Kounti s'exerçait,
depuis plusieurs siècles, et s'exerce toujours sur les habi-

tants du Bâguena, d'El-Hôdh et de l'Adrâr, pays entre le bassin du Dhiôli-Ba, le Sénégal et le Sahara marocain, et qu'ils ont des clients conventuels et même des tributaires jusque chez les Berâkna et les Terârza qui fréquentent les escales du bas Sénégal. Rapprochons de ce qui précède l'opinion courant, parmi les Oulâd Sîdi Mohammed El-Kounti, que des liens de parenté les unissent aux Oulâd Sîdi Ech-Cheïkh algériens et marocains [1], et nous arriverons à comprendre toute la portée de l'inspiration du moqaddem de Moghâr, Sîdi Mohammed Ben El-'Arbî Ben Boû-Hafç (Boû-'Amâma) lorsque, préparant sa lutte contre nous, en 1873, il envoya des émissaires au Sénégal, pour y prêcher la *tariqat es-senoùsiya* et surtout la guerre sainte contre la France. Peut-être ces émissaires ne passèrent-ils pas sur la rive gauche du fleuve? Le gouvernement de la colonie n'a encore, que nous sachions, saisi aucun fait qui pût être considéré comme une conséquence de leur venue. Mais les envoyés de Boû-'Amâma ont dù trouver, au Sénégal, un terrain déjà labouré et ensemencé car, dès 1876, le docteur Gérard Rohlfs voyait arriver à la Zaouiyet El-Istât, dans l'oasis de Koufara, à 3900 kilomètres de Bâkel, à vol d'oiseau, et Allah sait par quels chemins malaisés pour les pélerins piétons, des Sénégalais dévots, venus tout exprès pour visiter Sîdi El-Mahedi, et qui, une fois Jerhboûb atteint, 585 kilomètres plus loin, allaient s'en retourner dans leurs pénates *sans même pousser jusqu'à La Mekke.* Aux yeux de ces Sénégalais, et beaucoup d'autres pensent comme eux, Jerhboûb a remplacé l'ancien pôle du monde islamique.

Ne sortons pas de cette région sans mentionner un fait connexe, qu'un hasard fortuit a porté à notre connaissance.

---

1. L'auteur doit cette indication à un des membres de la famille princière des Oulâd Sîdi Mohammed El-Kounti, son bon et fidèle ami Sîdi Mohammed El-Bakkaï, homme tout à fait éclairé.

Dernièrement nous avions la curiosité de déchiffrer sur un
document officiel, le traité de Nango, l'inscription arabe du
sceau du cheïkh Ahmadou, roi de Sêgou, dont nous tenons,
de source certaine, que les sujets sont maintenant très
fanatisés. Nous y avons vu, à notre grande surprise, que ce
souverain, notre voisin et notre allié, y prend la qualité
d'*El-Madani*, c'est-à-dire de membre de là confrérie de
Sîdi El-Madani. Nous avons indiqué, au commencement
de ce travail, les nouvelles tendances senoûsiennes de cet
ordre religieux musulman.

Il nous faut maintenant faire un bond jusqu'au [Bornou]
pour retrouver les traces certaines du senoûsisme. En 1870
le vieux cheïkh 'Alî, sultan de ce royaume, homme humain
et savant distingué, entouré d'un collège de savants, en
imposait aux Senoûsîya. Aussi le docteur Nachtigal les
montre-t-il se présentant dans le Bornou aussi modestement qu'à Tripoli ou dans le Fezzân. Néanmoins la population du Bornou était attaquée il y a treize ans déjà et, partout ailleurs, pareil laps de temps a placé beaucoup d'atouts
dans le jeu des Senoûsîya.

Grande province au nord du lac Tzâdé, ou Tsâd, le Kânem
a été longtemps disputé entre les sultans du Bornou et du
Wâdâï. Depuis l'année 1845 une tribu arabe, originaire du
Fezzân et du littoral de la grande Syrte, celle des Oulâd Selîmân, est arrivée dans ce pays après de très longues et très
lointaines migrations, dont l'amour de la Porte ottomane
n'a jamais été le principal mobile. Les Oulâd Selîmân se sont
fait du Kânem une seconde patrie. Forts par le nombre, la
cohésion, l'armement et l'instinct belliqueux, ils ont bientôt
recouru, comme feront tous les Arabes nomades en pareille
situation, aux coups de main sur leurs voisins, les Kânembou,
les Toubou et les Baêlé, des musulmans, pourtant, pour la
plupart. Or, nous le verrons tout à l'heure, ces nations
de nègres accueillirent de bonne grâce les prédicateurs du
senoûsisme. Les Oulâd Selîmân ne pouvaient pas se mon-

trer moins fervents qu'elles, mais il en coûta certainement
plus aux persécuteurs qu'aux persécutés. Le docteur Nachtigal nous permet ici de saisir sur le vif un aspect du côté
bienfaisant, quoiqu'intéressé, de la propagande senoûsienne,
et l'éternel venin de son fanatisme. Il vit, en 1871, arriver
au camp des Oulâd Selîmân, à Bîr El-Barka, dans le Kânem,
des missionnaires de la confrérie, pour prêcher la colonne
en marche, dans l'espoir de protéger leurs clients Toubou
et Baêlé, contre qui elle se dirigeait; ils échouèrent, et se
retirèrent, lançant à 'Abd El-Djelîl, chef de la tribu, ce message, en trait de Parthe : « Envoyez-nous nos effets, afin que
nous puissions regagner notre couvent du Borgou, sans être
astreints à frayer plus longtemps avec des gens aussi athées
que les Oulâd Selîmân, qui ajoutent à leurs nombreux méfaits passés le crime de conduire un chrétien par un pays
qui n'avait encore été souillé par le passage d'aucun européen ! » Heureusement pour la science ce message n'ouvrit
pas une nouvelle tombe d'explorateur en Afrique ; mais re-
tenons ce ton hautain du moqaddem, parlant à un musulman, chef d'armée en campagne !

Parmi les pays peuplés par les Toubou, la longue oasis de
l'Enneri Touguê, ou Kawâr, qui est un gîte d'étape bien-
venu à moitié chemin du Fezzân au Bornou, devait, par sa
position, attirer l'attention de la confrérie. Elle y a établi une
zaouiya, au village de Chimmedrou. Excellents apprécia-
teurs du parti à tirer des situations sociales ses missionnaires avaient commencé par y ouvrir des écoles pour les
jeunes filles, afin de prendre, par son élément dominant,
cette société toute différente de la société arabe. Ils avaient
atteint leur but, les Toubou, de leur côté, ayant estimé que
de saints prêtres d'une religion, qui est celle des Oulâd
Selîmân, sauraient faire descendre du ciel un veto interdi-
sant à ces audacieux pillards les approches de leurs villages.
En échange de cette protection morale, la confrérie gagna
tout l'Enneri Touguê et, quand le docteur Nachtigal arriva,

en 1870, à la zaouiya de Chimmedrou, avec un ambassa-
deur du gouverneur de la Tripolitaine près la cour du
Bornou, il put être témoin d'une scène typique. Debout
devant la porte du couvent le moqaddem impassible, égré-
nait son chapelet, les yeux perdus dans les profondeurs du
firmament; il recevait, sans sortir de l'extase de la prière,
les hommages de la tourbe des caravanistes, qui venaient
lui baiser la poitrine ou le pan de son burnous. Mais un
personnage de marque approchait-il à son tour que, subite-
ment ramené aux convenances terrestres, le moqaddem faisait
seulement le *simulacre* de lui rendre l'hommage qu'il venait
de recevoir. Chaque fraction de geste était soigneusement pesée d'avance en raison du rang de l'individu, et l'envoyé [1] du mouchîr 'Alî Rizhâ Pàchà, gouverneur du vilâyet
de Tarâbolis El-Gharb, grand personnage d'ailleurs par sa
naissance et ses attaches, dût se sentir bien petit à côté
du vicaire de Sîdi Mohammed Ben 'Alî El-Senoûsî dans cette
oasis perdue de l'Enneri Touguê.

A l'est du Kawâr et au nord du Borgou on trouve le pays
montagneux de Toû, dont la constitution et un climat sem-
blables font le pendant du Tasili des Azdjer situé, plus à
l'ouest, sous la même latitude. Ce pays est peuplé par les
Tédà, c'est-à-dire les Toubou les plus purs, les plus sau-
vages, les plus indépendants, les moins tempérés par la
civilisation musulmane. Il y a treize ans, les Senoûsîya
commençaient la conquête morale des Tédà du Toû, jusqu'alors musulmans de nom seulement, et leurs missio-
naires obtenaient d'emblée un succès très encourageant :
le roi Arami acceptait les fonctions de factotum de l'ordre
et, grâce à cette complaisance du chef politique, le purita-

---

1. El-Hâdj Mohammed Boû-'Aïcha, de la tribu des Oulàd Selimân, alors
secrétaire du gouverneur général, et qui fut ensuite qâïmaqâm de Ghadâmès; puis des Ourfillé. Nous avons pu le contempler cette année-ci dans
la suite du pâchà de Tripoli. Les exactions par trop éhontées de ce senoûsien lui avaient fait retirer ses fonctions officielles.

nisme senoûsien s'infiltrait petit à petit dans les veines du
peuple. Un vieux levain de paganisme, qui avait résisté à
l'islâm orthodoxe, résistait bien encore à l'austérité du senoûsisme; les passions humaines en firent son agent. C'est
ainsi que le grand voyageur que nous nommions à l'instant
se voyait conspué, menacé de mort et lapidé, au nom de la
confrérie, par des troupes d'hommes, de femmes et d'enfants, tous *ivres de lagmi*[1], c'est à dire manifestement en
état de péché mortel. Comptons que le couvent, dont la
construction à Bardaï était déjà décidée alors, aura pris
soin de substituer des sermons enflammés aux fumées al-
cooliques pour attiser un fanatisme déjà plein de promesses.

Nous avons indiqué plus haut l'origine de la fortune des
Senoûsîya dans le Wâdâï où, comme à Constantinople
et à Tunis, ils ont visé tout d'abord la conversion du
chef de l'État, en l'attirant à eux par le levier de vues
commerciales profondes, du plus haut intérêt pour la cas-
sette privée et même peut-être bien aussi pour le trésor
public. C'était une grosse entreprise que la conversion du
Wâdâï. En effet, depuis sa constitution comme État musulman, en 1612, le Wâdâï, faisceau hétérogène d'une trentaine de groupes ethnographiques et linguistiques, dont le
seul lien est un gouvernement de fer, avait clos ses frontières aux influences du dehors. A peine quelques Arabes
étrangers en achetaient-ils l'accès au prix d'une humilia-
tion. L'année 1856 avait vu tomber la tête d'Edouard Vogel,
le premier européen qui s'y fût aventuré; l'année 1863
avait vu Maurice von Beurmann périr victime d'un guet-
apens de son escorte wâdâyenne avant de franchir la frontière. En 1869, on apprend que le sultan du Wâdâï, 'Alî Ben
Mohammed, successeur depuis 1858, du meurtrier de Vogel,
est un senoûsien fervent. Ajoutons pourtant que le docteur
Nachtigal, auquel sa qualité de frère ne l'a pas empêché

1. Sève de dattier fermentée.

d'accorder audience en 1873, a trouvé dans le sultan 'Alî un homme franc, intelligent, énergique et belliqueux. Autour de lui, il y avait la cour et la presque totalité des lettrés et des jurisconsultes de l'empire qui étaient aussi déjà affiliés à l'ordre, et dont les dispositions individuelles variaient suivant les caractères. Les sujets proprement dits, tous musulmans, étaient encore loin de la sévérité des mœurs et de l'abstinence des boissons fermentées que les missionnaires senoûsiens prêchent toujours, des lèvres au moins. On peut donc prévoir que la confrérie devra concentrer ici ses efforts les plus soutenus si elle veut transformer les mœurs de la nation. Mais les qualités belliqueuses qui sont dans le sang de tous les Wàdàyens, et qui font d'eux le peuple guerrier par excellence de la Nigritie musulmane, pourraient bien engager la confrérie de Sîdi Mohammed Ben 'Alî Es-Senoûsî à ne pas se montrer trop difficile le jour où elle aurait besoin de leur concours, étant donné surtout qu'elle doit quelques égards à un affilié aussi puissant et aussi libéral envers elle que leur roi. Et puis ce roi a, outre ses trois millions de sujets directs deux millions de tributaires qui, musulmans ou païens, n'aspirent aussi qu'aux hasards des combats. La mort du sultan 'Alî, survenue en 1876, a révélé l'influence tout à fait prépondérante de la confrérie dans les affaires du Wàdàï. Une compétition au trône s'étant accusée, et la guerre civile commençant entre le fils du roi 'Alî, et son oncle Yoûsef, Sîdi Mohammed El-Mahedî a usé d'autorité et tranché le différend en faveur de Yoûsef. Le neveu s'est soumis sans murmurer, et l'oncle, en s'emparant du pouvoir, a agi et continue d'agir comme un tributaire et un loyal sujet de la zaouiya de Jerhboûb. La caisse du ministre des finances de l'ordre en sait quelque chose.

Au nord-est du Wàdàï, la confrérie a aujourd'hui transformé l'Ennedi en un véritable petit État vassal. En 1855 encore tous les habitants de race Baêlé, ou Bideyàt

(12 000 âmes), professaient une forme du paganisme; en
1872 même leur conversion n'était pas encore un fait général. A l'époque où nous sommes il n'y a dans l'Ennedi que
des senoûsiens, avec plusieurs zaouiya, et le roi du pays,
Hadjer Baltê Rouzzêmî, est un frère des plus respectueux et
des plus dociles, qui envoie à Jerhboûb, non seulement des
présents royaux, mais un choix de jeunes gens intelligents
destinés à être instruits et dressés sous les yeux de Sîdi
Mohammed El-Mahedi.

Au nord-ouest de l'Ennedi, vient le Wanyanga, peuplé
aussi de Baêlé, et dont les 2000 habitants ne pensent que
par le cerveau des directeurs de leurs deux couvents senoûsiens.

Une des parties les plus inhospitalières du désert sépare
l'Ennedi et le Wanyanga de la grande oasis de Koufara, ou
El-Kofrâ, celle-là même dont nous avons parlé comme
d'une conquête de la confrérie sur le néant et la barbarie,
et dont nous avons précisé la position sur un sol qui, n'appartenant jadis à personne, est devenu territoire ottoman
depuis que tous ses habitants sont des sujets ottomans. C'est
là, entouré d'une ceinture de plateaux de roc ou de gravier
tassé, sillonnés de chaînes de dunes, plateaux déserts, sans
eau ni végétation, dont la largeur variant de 345 à 650 kilomètres est, dans le désert de Libye, une meilleure défense
que ne sont ailleurs bien des fortifications perfectionnées,
c'est là que la confrérie a élevé le beau couvent de Zaouiyet
El-Istât, le deuxième par l'importance, et celui que les
grands-maitres ont toujours considéré comme leur futur
asile si les malheurs des temps voulaient qu'ils se sentissent
un jour menacés ou seulement gênés à Jerhboûb, dans les
manifestations si multiples de leur sainte mission, toute de
charité, de dévouement et d'abnégation, comme nous
savons. L'oasis de Koufara est bien vaste, et il y avait place
pour plusieurs couvents; on en a déjà bâti un second à
Taïzerbô, sur sa limite nord, directement au sud de Djâlo

et d'Aoudjela, centres senoûsiens par lesquels les frères de
Koufara communiquent avec la maison-mère de Jerhboûb.
Ces frères composent des fractions entières de la grande
tribu des Zouiya dont nous avons parlé à propos du vilàyet
de Ben-Ghâzi, et qui, pour nous servir d'une expression
algérienne, forment le *makhzen*, quelque chose comme la
gendarmerie, l'élite des troupes de la confrérie.

Ouvrons ici une parenthèse :

Dans les régions du haut Nil et dans la Nigritie orientale le
senoûsisme proprement dit n'aurait pas encore pénétré, mais
les événements qui s'y déroulent en ce moment même ou-
vrent une perspective assez nette sur l'influence qu'y a ac-
quise une des confréries religieuses musulmanes que nous
avons montrées en voie d'être assimilées au senoûsisme,
l'ordre de Sîdi 'Abd El-Qâder El-Ghîlâni, qui est comme lui,
ne l'oublions pas, un développement de la philosophie des
Chadheliya.

Au mois d'août 1881, le fils d'un simple charpentier de
Dongola, Mohammed Ben Ahmed, qui avait étudié successi-
vement dans les écoles et zaouiya de Khartoûm, de Berber et de
Qeneh, où il s'était fait affilier, en 1870, à l'ordre de Sîdi
Abd'El-Qâder El-Ghîlâni, vivait sur le haut Nil, à la hau-
teur de Faki-Kohé, dans l'île d'Abba, où il avait acquis une
grande renommée de science et de piété. Son influence
s'étant accrue par des mariages avec les filles des principaux
chef des Baggâra Guîme', il osa aborder le rôle du grand
réformateur de l'islâm. Il proclama sa mission « d'établir
l'égalité universelle et la communauté des biens, d'imposer
la religion et la loi musulmanes à tous les hommes, et
d'exterminer tous ceux qui, musulmans, chrétiens ou païens
ne reconnaîtraient pas sa mission divine en qualité de
mahedi. » A partir de ce jour, ce titre remplaça son nom
véritable. Les diverses populations du Soûdân égyptien
accoururent à lui et, se mettant à la tête de hordes de sau-
vages nus et armés d'abord de lances, de sabres et de cou-

4

telas, il attaque, sans hésiter, les troupes égyptiennes, même commandées par des officiers anglais. Il menace la ville de Senâr et, malgré quelques insuccès, il bat les Égyptiens au DjebelGhadîr, au sud du Kordofân, à Haou, près de Bâra (en 1882), puis près d'El-Obeïd, chef-lieu du Kordofân, et près de To-khar, à Hamaï et à Singat, dans le pays des Beñî 'Amer (en 1883). A l'heure où nous écrivons, il cerne Khartoûm et assiège Singat et, déjà maître de presque toute la Nigritie égyptienne, sur treize degrés de longitude, des frontières du Wâdâï à la mer Rouge, il provoque un soulèvement parmi les habitants de Senâr, et envoie ses émissaires lui préparer la voie en Nubie et en Égypte même. Sa situation militaire n'est plus celle d'il y a deux ans. Si le gros de ses partisans, qu'on évalue à 300 000 hommes, en est encore réduit à l'armement primitif avec lequel ils ont pourtant battu les Égyptiens, beaucoup d'entre eux se servent aujourd'hui des armes perfectionnées qu'ils ont enlevées à leurs ennemis.

Nons assistons donc à un mouvement religieux qui menace de bouleverser de fond en comble la face des choses dans l'est de l'Afrique, et un jour viendra, bientôt, peut-être, où Mohammed Ben Ahmed, le *mahedi* qâderien [1], qui vient d'être, comme le fût jadis le fondateur du senoûsisme, excommunié par les clergés officiels du Caire et de La Mekke, se trouvera en présence des *mahedi* des Senoûsiens.... Reconnaîtra-t-il alors, lui, un mystique chadhelien comme l'autre, la suprématie de Sidi Mohammed El-Mahedi ? Mettra-t-il à son service son épée et son influence, ou bien se posera-t-il en rival ?

Nous voici arrivés aux derniers groupes connus d'affiliés de l'ordre de Sîdi Mohammed Ben 'Alî Es-Senoûsi, que nous allons chercher dans l'Afrique orientale, et jusque sous le deuxième degré de latitude nord, par conséquent en plein dans la zone équatoriale. Nous les trouvons composés de Çômâli,

---

1. Affilié à la confrérie de Sîdi 'Abd El-Qàder El-Ghilàni.

ce peuple mystérieux, avide de sang, qui semble ne vivre
que pour semer la mort, et qui, dès sa conversion à l'islâm,
a montré ses sympathies pour les formes les plus radicales
sous lesquelles cette religion, grande et belle dans son es-
sence, s'est manifestée, le rite orthodoxe châfa'îte, et même,
paraît-il, le wahhâbisme, qui n'est qu'un rafinement exagéré du châfa'îsme. Rappelons incidemment que la ville de
Bardêra, sur le fleuve Djoûba, doit sa fondation à un cheïkh
musulman de Mouqdîcha (Magadoxo), où des hommes, pourtant assez avancés, ses collègues dans le clergé et la magistrature, trouvèrent que ses vues menaçaient d'ébranler les
fondatio _ ~e l'édifice de l'islâm. C'était en 1819, un an aprês
la sanglante défaite des Wahhâbites par Ibrâhîm Pâchâ.
A défaut de renseignements directs, le synchronisme que
nous établissons donne assez sûrement la nuance des opinions suspectes du cheïkh de Mouqdîcha. Une fois Bardêra
fondée, celui-ci répandit sa doctrine, recruta de nombreux
adhérents parmi les Çômâli puis, devenu puissant, il cher-
cha querelle aux païens, ses voisins, les Oromo ou Galla,
dans le but de les convertir par le glaive. Son successeur
dirigea ses efforts vers la côte, visant en première ligne
le port, soi-disant musulman à son point de vue, de Ba-
râwa. Après des alternatives de succès et de revers, il finit
par être battu. Ces puritains de Bardêra défendaient l'usage
du tabac et le contact ou le trafic de l'ivoire, comme prove-
nant d'un animal impur; ils exigeaient la claustration
des femmes, mesure que les faits justifiaient, dit-on, dans
la société çômâlie. Tout cela est conforme aux notions des
Wahhâbites, comme aussi à celles des Senoûsîya. Le senoûsisme, frère cadet du wahhâbisme, devait donc trouver ici,
chez les Çômâli, à plus de deux mille kilomètres de Jerhboûb,
un terrain déjà défriché. Depuis bientôt vingt-six ans que
nous nous appliquons à l'étude des questions musulmanes
et africaines nous avions été frappés du nombre considérable d'explorateurs européens qui avaient été attaqués et

tués dans les pays çômâli, à commencer par le lieutenant
Stroyan, à Berbera, en 1856. Et nous en étions arrivés à
soupçonner que les doctrines de la confrérie de Sîdi Es-
Senoûsî pouvaient avoir joué un rôle dans ces événements.
Nous avions deviné la vérité[1]. Grâce aux informations que
vient de recueillir, à notre demande, notre jeune ami, déjà
passé maître en explorations, M. Georges Révoil, il est aujourd'hui acquis que les tribus des Ba-Hawadla et des Rêr
Hàroûn et probablement aussi les Hersi, les Rêr Ahmed
Nôh et les Ayâl Sougoulla, dans le pays d'Ogadên (intérieur nord du promontoire des Aromates), sont affiliées à
la confrérie. Dès lors s'expliquent et se rattachent à notre
sujet les menaces de mort auxquelles M. Haggenmacher
s'est vu exposé, en 1874, de la part des Rêr Hâroûn, et des
Ba-Hawadla, dans son voyage à l'Ogadên. Il est intéressant
de noter ici un fait significatif, qui cadre parfaitement avec
les procédés de la politique senoûsienne, c'est que des prêtres musulmans çômali, envoyés tout exprès de La Mekke,
avec mission d'espionner le voyageur et d'ameuter contre
lui les Çômâli, ont suivi pas à pas M. Haggenmacher. Or,
La Mekke, nous l'avons vu, possédait depuis vingt et un ans
déjà une zaouiya senoûsienne, et l'espionnage a toujours
été une arme chère aux senoûsiens, une de celles dans le
maniement desquelles ils excellent.

Loin dans le sud de ces parages, en 1867, M. Kinzelbach
mourait, on n'a jamais bien su comment, de poison, dit-on,
dans la maison du sultan Ahmed Yoûsef, à Sigala, capitale
du Guélédi, peuplé par les Çômâli Guebroûn... Deux ans
auparavant, en 1865, un effroyable désastre avait eu lieu à
Bardêra. Le baron von der Decken, le docteur Linck, Trenn
et Kanter étaient massacrés par les tribus çômâlies des Kablallah et des Êlâï, aidées dans cette circonstance par une
des grandes divisions de la race Oromo, ou Galla, les Bo-

1. *Année géographique*, 1876, p. 118 à 119.

râni, néophytes musulmans qui occupent tout le pays sur
la rive ouest du Djoûba, et dont la conversion se rattache
peut-être aussi à l'histoire de la propagande senoûsienne.
Le chef des Kablallah était Hasan Ahmed, le plus dévot et
le plus savant des Çômâli, originaire de l'Ogadên, et membre
de la confrérie qui nous occupe. C'est encore M. G. Révoil
qui nous l'apprend, en ajoutant ces renseignements précieux que les écoles de la ville de Bardêra sont actuellement congréganistes-senoûsiennes, et que Mohammed
Adem Kero, savant renommé de la tribu des Êlâï, et chef
de la ville de Bardêra, qui a toléré le massacre, est, lui
aussi, affilié à l'ordre de Sîdi Mohammed Ben 'Alî Es-
Senoûsî. C'est donc indubitablement, comme nous le pres-
sentions, au fanatisme de la confrérie, que sont dus ces
meurtres d'hommes utiles par les Çômâli, et nous n'hési-
tons plus à désigner la race tout entière comme désormais
affiliée. Le mal s'est même probablement étendu à la nation
'Afar, dont le marquis Antinori expérimentait le fanatisme
en 1876, chez laquelle M. Giuletti et douzes autres italiens
étaient massacrés au moins de juin 1881, et où des missionnaires du ministère de l'Instruction publique, MM. l'ingé-
nieur Aubry et le docteur Hamon, et deux autres Français,
MM. Brémond et Barral, viennent de se heurter à l'opposition du sultan marabout Mohammed Hanfali (1883). Dans
la ville égyptienne de Zêla', sur cette côte, où vivent mé-
langés des 'Afar et des Çômâli, la population est devenue
d'une bigoterie telle, que chaque jour les crieurs publics
rappellent aux habitants que tout individu reconnu coupable
d'avoir omis une seule des cinq prières obligatoires, sera
passible de la bastonnade.

Mais les Oromo ou Galla, eux-mêmes, ces vieux ennemis
des Çômâli et de l'islâm, seraient peut-être déjà aussi senoûsisés. Ils ont assassiné à Kora-Nagot, le 12 août 1883, M. P.
Sacconi, le premier européen qui eût pénétré sur leur territoire, à l'ouest du Webi, ou Wobi.

En arrêtant cette revue des groupes de frères de l'ordre
de Sìdi Mohammed Ben 'Alî Es-Senoûsî, nous voudrions
donner une idée du nombre de ses adhérents. Les éléments
de statistique font défaut dans le plus grand nombre des
cas, soit parce qu'on ignore le chiffre des individus qui
composent les tribus comprises, en bloc, dans un recensement général, soit parce qu'on n'a fait ni le recensement
ni même l'évaluation des membres existants dans d'autres
peuplades. La Mésopotamie, l'Arabie, les tribus égyptiennes
à l'ouest de la province d'El-Behêra, les nomades du vilâyet
de Tripoli, onze fortes tribus de la province d'Oran, le Maroc, les tribus du Tidìkelt et celles qui sont affiliées dans les
quatre confédérations des Touâreg, une tribu arabe du
Borgou, les Toubou sur le Fêdé et dans l'Enneri Touguê, les
frères proprements dits au Wâdâï, chez les 'Afar et les
Çômâli, au Sénégal et dans le Sahara sénégalien, c'est-à-dire
tout le gros des affiliés, composent les lacunes dont nous
parlons.

Les oasis égyptiennes, le vilâyet de Barqa (203 500 affiliés), deux tribus de la Tripolitaine et les Fezzâniens, trop
tolérants pourtant de mon temps (1861), certaines tribus des
provinces d'Alger et d'Oran, les Tédâ du Toû, du Borgou et
de l'Enneri Touguê, les Wanya, les Baêlé, les Kânembou et
les Dàza, pour lesquels nous possédons des données numé-
riques, forment un total de 595 766 individus au mi-
nimum.

Mais le Wâdâï, senoûsien en entier, a 3 000 000 d'âmes.
Les Çômâli, ce groupe ethnographique, uniforme au point
de vue intellectuel, chez lequel la première enquête sé-
rieuse vient de révéler le senoûsisme solidement établi sur
les deux seuls points étudiés, et dont la conduite à l'égard
des européens a si souvent trahi ailleurs des dispositions
dignes de la secte, dépasseraient peut-être, avec les 'Afar
et les Oromo senoûsisés, le double de la population du
Wâdâï. Et nous laissons ici de côté l'innombrable cohorte

du *mahedi* de Dongola, qui pourrait bien, à un moment donné, recevoir l'inspiration du *mahedi* de Jerhboûb.

Nous croyons rester dans les limites d'une estimation extrêmement sobre, en tout cas très inférieure à la réalité, quand nous attribuons à la confrérie 1 500 000 sujets, écoutant ses ordres, quels qu'ils soient, travaillant pour elle, et où chaque chef de famille et chaque homme célibataire majeur lui paie l'impôt. On peut même, sans risquer aucunement d'être taxé d'exagération, élever ce chiffre à 2 500 000 ou 3 000 000. Et le domaine géographique de la confrérie est loin d'être limité; elle est, au contraire, une puissance née d'hier, pleine de vitalité, qui séduit par son radicalisme et même par son austérité, mais surtout par ses promesses, des êtres à qui leur existence actuelle ouvre des horizons sans bornes à l'espérance, aux aspirations et aux convoitises, et elle gagne chaque jour de nouvelles sympathies ou de nouvelles soumissions dans le monde musulman.

Voilà l'aspect le plus redoutable de cette confrérie, qui tend à absorber et à unifier, en les pliant à ses vues rétrogrades, dominatrices et agressives, les nombreuses et fortes associations religieuses de l'islâm.

Et, gardons en vue que tout frère senoûsien n'est pas seulement *ipse facto*, un missionnaire sans brevet. Sur un signe de son supérieur, aucun affilié n'hésitera à se transformer, pour la plus grande gloire de Dieu, en agent de propagande, en soldat, en *bravo*, ou même en lâche empoisonneur...

Le voudrions-nous, que nous ne pourrions pas éviter une nouvelle lutte contre le senoûsisme. La Sublime-Porte elle-même se verra forcément acculée à son tour, et avant nous peut-être, devant la même alternative. Car la confrérie de Sìdi Mohammed Ben 'Alì Es-Senoûsì ne transigera jamais! Le jour où les voies inéluctables de la civilisation, cette divine puissance qui guide et dominera de plus en plus le monde, amèneront un sultan, un roi ou un khédive musul-

man à faire un nouveau pas dans le progrès, comme nous,
il verra se dresser devant lui l'ombre de Sîdi Mohammed
Ben 'Alî Es-Senoûsî lançant à son ou à ses millions d'adhé-
-rents, en guise de cri de guerre, la stance de Sîdi El-Akhdar
Ben Makheloûf :

> « Turcs et chrétiens
> Se valent.
> Brisons-les d'un seul coup ! »

A titre de document nous faisons suivre la liste des couvents et des centres de propagande de la confrérie. Nous
conservons en manuscrit une autre liste, contenant des
données détaillées sur les groupes de population affiliées
à l'ordre de Sîdi Mohammed Ben 'Alî Es-Senoûsi.

Liste géographique des zaouiya et autres cen- tres d'action connus de la confrérie de Sîdi Es-Senoûsî.

La liste des zaouiya, ou couvents, de la confrérie de Sîdi Mohammed Ben 'Alî Es-Senoûsî, jointe à l'indication des groupes
de frères qu'on trouvera sur la carte qui accompagne notre
travail, sont des renseignements de première utilité pour
les voyageurs non musulmans qui auront à se diriger dans
une des contrées du nord de l'Afrique où les doctrines de
Sîdi Es-Senoûsi ont été accueillies avec faveur, parce qu'ils
montreront aux explorateurs autant d'écueils qu'ils doivent
chercher à éviter.

Voici la traduction des termes techniques, empruntés à la
langue arabe, et dont l'emploi ne pouvait guère être évité :

Bâch-moftî........   Procureur.
Cheïkh...........   Docteur en théologie, abbé, chef de
                     couvent.
Cheïkha..........   Abbesse.

Djâma'.........*.. Mosquée.
Imâm............... Prêtre, curé.
Khouân............ Frères, affiliés.
Moqaddem........ Vicaire, préfet apostolique, provincial.
Moudîrïyé......... Canton.
Moutaserrifîya..... Division administrative, petite province.
Qâdi.............. Juge.
Qâîmaqâmlik....... Département.
Sìdi, Sìd......... Monseigneur.
Vilâyet........... Division administrative, grande province.
Zaouiya........... Couvent-école et maison hospitalière.

Nous classerons les zaouiya en onze groupes, ou provinces ecclésiastiques :

I. ÉGYPTE

1. *Jerhboûb* (L. N. 29°47'0", L. E. 22°0'0"). — Appelée aussi Djaraboûb, Jerhàjib, Yagboûb, zaouiya métropolitaine, fondée en 1861, et résidence du grand-maître actuel de l'ordre, Sîdi Mohammed El-Mahedi. C'est un grand couvent fortifié, situé sur le versant sud et dans les catacombes du plateau qui borde, au nord, le lac de Farêdgha.

Jerhboûb n'était qu'un lieu désert avant la fondation de cette zaouiya par Sîdi Mohammed Ben 'Alî Es-Senoûsî, en vertu d'un *fermân-'alî* du sultan de Constantinople. Il commença par bâtir de grands réservoirs et créer des plantations. En 1874 encore le couvent ne contenait que quelques jurisconsultes, étudiants et esclaves. Deux ans plus tard, on trouvait, à Jerhboûb, des ateliers d'armurerie où on montait des fusils venant d'Égypte. La confrérie possédait déjà là, en magasins, quinze canons achetés à Alexandrie, des quantités de fusils et de poudre, et elle nourrissait de nombreux chevaux dans les écuries de la zaouiya. —La population du couvent et de ses environs a varié dans de notables proportions : en 1880 on évaluait à 4000 le nombre des seuls Algériens formant la garde du corps de Sîdi Mohammed El-

Mahedi. En 1881 celui-ci tenait grande cour à Jerhboûb, au milieu de ses esclaves (2000 environs), des Algériens compromis, parmi lesquels il faut citer Boù-Chandoùra, auteur des troubles de Djelfa en 1861, des Marocains et des étudiants de toute provenance. Puis les rangs des fidèles se seraient éclaircis, car un pélerin revenu de Jerhboûb, en 1883, et que nous avons consulté à Tripoli, estime à 750 seulement le nombre des habitants du couvent.

L'administration de la zaouiya métropolitaine est en quelque sorte calquée sur celle d'un État. Les administrateurs prennent le titre de *wouzîr*, ou ministres. A la date de 1876 le premier ministre était Sîdi 'Alî Ben 'Abd El-Moûlâ, de Sefâqès; le deuxième ministre était Sîdi 'Amrân, de Zelîten; le directeur des études théologiques était Sîdi Mohammed Cherîf, frère de Sîdi Mohammed El-Mahedi; enfin l'imâm de la grande mosquée était Sîdi Mohammed Zerouâli, de Fâs (Maroc), mais tirant son origine des Benî Zerouâl du département d'Oran.

2. *Zaouiya Zitoûn* (L. N. 29°13'0", L. E. 23.9'0"). — Couvent à 22 kilomètres est, légèrement nord de la ville de Sîwa, avec un moqaddem qui exerce une influence considérable. Deux cents esclaves noirs cultivent les jardins de cette zaouiya.

3. *Sîwa* (L. N. 29°12'0", L. E. 23°22'0"). — Chef-lieu de l'oasis de Jupiter-Ammon, avec une zaouiya influente, ancienne, car elle existait déjà en 1843. Son moqaddem, qui s'appuie sur la tribu des Lifa'aya, rallie le gros de la population.

4. *Zaouiya Chammâs* (L. N. 31°27'0", L. E. 24°3'0"). — Les indications précises manquent sur ce couvent, que nous supposons être situé dans les ruines de Qaçar Chammâs, sur la côte de la Marmarique.

5. *Zaouiya El-Haouch* (position incertaine). — Couvent dont la situation géographique reste incertaine, et que nous supposons être sur le chemin de Jerhboûb à Alexandrie.

6. *Zaouiya Oumm Er-Rekhem* (position incertaine). — Couvent dont la situation géographique reste incertaine, et que nous supposons être sur le chemin de Sîwa à Barbîta.

7. *'Aïn Cheïkh Mourzouk* (L. N. 26°51′0″, L. E· 25°39′0″). — Petite zaouiya dans l'oasis de Faràfra. En 1875 trois familles de khouàn y surveillaient les esclaves de la confrérie.

8. *Faràfra* (L. N. 27°3′0″, L. E. 25°48′0″). — Chef-lieu de l'oasis de ce nom, avec une grande et belle zaouiya fondée en 1860, à l'est de l'oasis et à 300 mètres sud-sud-ouest du village. Elle a pour moqaddem Sîdi Hasan (1873).

9. *Bawîti* (L. N. 28°21′12″, L. E. 26°36′36′). — Village dans l'oasis d'El-Baharîyé, près duquel est une zaouiya de la confrérie.

10. *Qaçar Dàkhel* (L. N. 25°42′0″, L. E. 26°39′0″). — Chef-lieu de l'oasis de Dàkhel, avec une zaouiya fondée en 1872, ou 1873, et qui était peu prospère au début.

11. *Galamoùn* (L. N. 25°32′0″, L. E. 26°46′30′). — Village au sud-est de Qaçar Dakhel, avec une zaouiya dont le moqaddem, cheïkh Hosên, est influent.

12. *Zaouiya Barbîta* (L. N. 18°51′30″, L. E. 26°58′0″). — Couvent que nous supposons être situé au village de ce nom, dans l'oasis de Gàb El-Kebîr.

13. *Alexandrie* (L. N. 31°12′53″, L. E. 27°32′35′). (?) — Zaouiya fondée par Sîdi Mohammed Ben 'Alî Es-Senoûsî, au retour de son premier voyage à la Mekke. D'après des informations récentes, que nous avons tout lieu de considérer comme sûres, ce couvent n'existerait plus aujourd'hui. Mais la confrérie a toujours à Alexandrie des agents, qui étaient, en 1876, Sîdi Bràhîm Senoûsî, nullement apparenté au fondateur de l'ordre, et Sîd El-Hàdj Bràhîm Teràbolsi, tous deux des négociants.

14. *Zaouiya Terbiàt* (position incertaine). — Couvent dont la position exacte est encore inconnue, et que nous supposons être sur le chemin de Zaouiya Natroùn à Barbîta.

15. *Zaouiya Kiyib*, ou Zaouiya Kib. — Couvent dont la situation précise reste inconnue; même supposition.

16. *Zaouiya Natroûn* (L. N. 30°24'0", L. E. 27·54'0"). — Couvent dans l'Ouâdi Nâtroûn; moqaddem Sîdi Mohammed Ben-Djelloûl, des Medjâher d'Algérie.

17. *Boûlâq* (L. N. 30°3'30", L. E. 28°53'30").—Zaouiya sur la rive est du Nil, au nord-nord-ouest et près du Caire. Elle a été bâtie par 'Abbâs Pâchâ pour Sîdi Mohammed Ben 'Alî Es-Senoûsi.

II. TURQUIE D'EUROPE (EMPIRE OTTOMAN).

18. *Constantinople* (*Stamboûl*) (L. N. 41°0'16", L. E. 26°38'50"). — Le directeur occulte de la politique panislamique du sultan, son ancien professeur, le cheïkh arabe Mohammed Ben Dhâfer (vulgairement Zaffar), originaire de la Tripolitaine, membre de la confrérie de Sîdi El-Madani et représentant de la confrérie de Sîdi Mohammed Ben 'Alî Es-Senoûsî, réside à Yildiz Kiosk (1882). Un autre agent de la même confrérie, Rizha-Bey, est membre du conseil privé.

III. TURQUIE D'ASIE (EMPIRE OTTOMAN).

19. *Médine* (*El-Madina*)⋆ (L. N. 24°59'0", L. E. 37°27'20"). —Première résidence de Sîdi Mohammed Ben 'Alî Es-Senoûsî en Arabie, où il a peut-être laissé un centre organisé.

20. *La Mekke* (*Mekka*) (L. N. 21°22'20", L. E. 37°49'0"). — Dernière résidence de Sîdi Mohammed Ben 'Alî Es-Senoûsi en Arabie, à partir de 1853. Sa maison, bâtie à côté des tombes d'Adam, d'Ève et de Seth, sur le Djebel Aboû Qoubaïs, attenant à la ville sainte du côté est, a été transformée en une zaouiya, dirigée par un moqaddem, et qui renferme une bibliothèque de 8000 volumes.

⋆ Ce signe, placé après un nom de lieu, indique que la zaouiya a été abandonnée, ou qu'elle est supposée avoir été abandonnée.

D'après une indication donnée par un membre de la confrérie, il y aurait actuellement douze zaouiya senoûsiennes en Arabie. Nous avons des raisons pour penser que plusieurs de ces couvents inconnus sont dans le Yémen.

IV. TRIPOLITAINE ET CYRÉNAÏQUE (EMPIRE OTTOMAN).

21. *Zaouiya Loua* (position incertaine). — Couvent dans une position géographique inconnue, mais apparemment quelque part sur le chemin de Jerhboûb à Lechkerré. Sîdi Adem El-Bedoui en est le moqaddem.

22. *Zaouiyet El-Istât*[1], en français : Asile de Pureté (L. N. 24°31'0", L. E. 28°49'0"). — Énorme bloc de bâtiments, avec une grande mosquée, une école, des maisons et des boutiques, construit en forme de forteresse et entouré de hautes murailles, dans l'oasis de Kebâbo, du groupe de Koufara, et à 3 kilomètres nord-est du village de Djôf. Cette zaouiya est la deuxième en importance. Elle renferme 250 frères libres et autant d'esclaves. Le quart des plantations de dattiers de la grande oasis de Koufara lui appartient. Le moqaddem est Sîdi 'Omar Boû-Hawa, cheïkh des Zouiya.

23. *Zaouiya Sîdi El-Mahedi*, ou Zaouiyet El-Akhouân (L. N. 35°46'18", L. E. 20°20'40"). — Couvent à Boû-Mançoûr (ou Sîdi Mançoûr), faubourg et à 1500 mètres nord-est de Derna (moutaserrifîya de Ben-Ghâzi). L'ancien moqaddem, Sîdi Sa'ad, n'a pas été remplacé en 1883.

24. *Zaouiyet Aziât* (position incertaine). — Couvent dont la position géographique est encore inconnue, et qui pourrait bien se trouver placé beaucoup au sud du point où l'indique la carte (chemin de Derna à Tert). Le moqaddem est Sîdi El-Haoûsin El-Hallâf, de Telemsân (Algérie).

A Zaouiyet Aziât on entretient en permanence cinq

---

1. C'est probablement ce couvent, ou bien le couvent inscrit au n° 45 qui figure sous le nom de Zaouiya Bîr Kafra (pour Koufara) dans un des documents manuscrits de M. Féraud.

cents chameaux de bât et des nègres esclaves tout prêts pour le cas où Sîdi Mohammed El-Mahedi devrait chercher précipitamment un refuge en Nigritie.

25. *Zaouiya Sidi Es-Senoûsi* (L. N. 32°30'0", L. E. 20°8'0"). — A Martoûba, sur le chemin de Derna à Jerhboûb, entre Ech-Chehebât et Zaouiya Chammâs (improprement Sammos), près de la frontière d'Égypte (moutaserrifîya de Ben-Ghâzi); moqaddem, autrefois Sîdi Sa'ad, actuellement Sîdi El-Mertadî Farkach.

26. *Zaouiyet El-Qeçoûr* (position incertaine). — Couvent situé peut-être sur le chemin de Derna à Tert (moutaserrifîya de Ben-Ghâzi); moqaddem Sîdi Mohammed El-Makheloûf, touâtien.

27. *Aïn Marâ*, ou Ghâbet El-Merâ (?) (position incertaine). — Zaouiya à un kilomètre sud-ouest de la source 'Aïn Marâ, et à 30 kilomètres ouest, légèrement sud, de Derna (moutaserrifîya de Ben-Ghâzi); moqaddem Sîdi Ahmed Boû Sîf.

28. *Zaouiya Merâd Mesa'oûd* (positon incertaine). — Couvent situé peut-être sur le chemin de Derna à Tert (moutaserrifîya de Ben-Ghâzi); moqaddem Sîdi Boû Zid, frère de Sîdi Mohammed Ben 'Alî Es-Senoûsî.

29. *Zaouiyet El-Bechâra* (position incertaine). — Couvent situé peut-être sur le chemin de Tert à Martoûba; moqaddem Sîdi 'Alî Mesmâri.

30. *Zaouiya Zanzoûr Defâna* (position incertaine). — Couvent situé peut-être sur le chemin de Martoûba à Aoudjela; moqaddem Sîdi Hoseïn El-Ghariâni.

31. *Zaouiyet El-Arboûb* (position incertaine). — Couvent situé peut-être sur le chemin de Derna à Tert; moqaddem Sîdi Mohammed El-Djebali, des Benî Senâsen.

32. *Tert*, ou Tereth (L. N. 32°43'0", L. E. 19°47'0"). — Zaouiya à 60 kilomètres (15 heures de marche) est-sud-est de Grennа; moqaddem, anciennement Sîdi 'Abd Allah Ghezâli; siège vacant en 1883.

33. *Soûsa* (L. N. 32°54′53″, L. E. 19°35′48″). — Zaouiya près de Mersâ Soûsa, chez les Hâssa; moqaddem Sîdi Mohammed El-Issîr.

34. *Zaouiya El-Faïdiya*, ou Zaouiya El-Faïda (L. N. 32°38′40″, L. E. 19°27′0″). — A 5 kilomètres ouest-nord-ouest de Gaïgâb (moutaserrifîya de Ben-Ghâzi); moqaddem Sîd Ismâ'îl Fezzâni.

35. *Zaouiya Sîdi Es-Senoûsi* (L. N. 32°48′30″, L. E. 19°24′20″). — Dans un des grands mausolées, à 1800 mètres nord-ouest de la fontaine d'Apollon (actuellement 'Aîn Châhad), à Grenna, ou Cyrène, au nord-est et près de l'amphithéâtre (moutaserrifîya de Ben-Ghâzi). De l'année 1845 l'année 1883 le moqaddem a été Sîdi Mouçtafâ Ben Derdaf (ou Derdefi), un fanatique.

36. *Lechkerré*, ou El-Echkerré, ou Edjkherré (L. N. 29°13′0″, L. E. 19°21′0″). — Zaouiya au nord-nord-est du village de Lebba (oasis d'Aoudjela; moutaserrifîya de Ben-Ghâzi). Ce couvent appartient aux Zouiya. En 1879 le moqaddem était Sîdi 'Aguîl, un coquin; en 1883, Sîdi 'Abd El-Qâder occupe ce poste.

37. *El-'Areg* (L. N. 28°57′30″, L. E. 19°20′0″).— L'un des deux centres formant Djâlo; grande zaouiya.

38. *Zaouiya El-Beïda* (L. N. 32°49′40″, L. N. 19°16′41″). — Beau couvent de forme carrée, ceint de hautes murailles blanches, à l'entrée d'un col à deux kilomètres ouest de la chapelle de Sîdi Râfa', sur le territoire des Hâssa (moutaserrifîya de Ben-Ghâzi). A côté on voit un bâtiment plus petit, servant de factorerie et de magasin pour le produit des récoltes des Arabes inféodés à la confrérie et cultivant ses champs. Cette zaouiya existait déjà en 1845. Le moqaddem a été Sîdi Mahmoùd; aujourd'hui c'est Sîd El-Hâdj Ahmed El-Ghomâri.

39. *El-Hamâma* (L. N. 32°54′20″, L. E. 19°16′30″). — Zaouiya dans des ruines romaines à 4 kilomètres ouest-sud-ouest du cap Râs El-Hamâma (moutaserrifîya de Ben-Ghâzi);

un frère de Sîdi Mouçtafâ Ben Derdaf en est le moqaddem.

40. *Zaouiyet El-Haniya* (L. N. 32°50'0", L. E. 19°14'0").
— Couvent situé peut-être sur le chemin de Derna à Tert;
moqaddem Sîdi 'Alî El-'Abdî, de Tripoli de Barbarie.

41. *Guefanta* (L. N. 32°39'50", L. E. 19°11'10"). — Zaouiya
sur la ligne de faîte du Djebel El-Akhdar; moqaddem Sîdi
Mohammed Ben 'Amer, de Mostaghanem.

42. *Zaouiya Boû-Tôda*, ou Zaouiya Boû-Tôder, ou Zaouiyet
El-'Argoûb. (L. N. 32°46'30", L. E. 19°8'30"). — Couvent
dans l'ouest-nord-ouest de Gaçr Benî Guedem (moutaserrifîya de Ben-Ghâzi); moqaddem Sîdi Mouçtafa El-Ghariâni.

43. *Zaouiyet El-Aga* (position incertaine). — Couvent
dans une position inconnue, et que nous supposons être sur
le chemin de Derna à Aoudjela; moqaddem Sîdi Brâhîm
Mesîba.

44. *Zaouiya Nedjila* (position incertaine). — Couvent
dans une position inconnue, peut-être aussi sur le chemin
de Derna à Aoudjela; moqaddem Sîdi Mohammed Ben 'Amar,
des Akerma de Relizân.

45. *Taïzerbô* ★ (L. N. 25°43'0", L. E. 19°8'0"). — Oasis du
groupe de Koufara (moutaserrifîya de Ben-Ghâzi). En 1873
la zaouiya de ce nom comptait quatre-vingt frères, sous la
direction du moqaddem Hasan Effendi. En 1879 le groupe
s'était dispèrsé.

46. *Chân-Gaçrin*, ou El-Qaçrîn (L. N. 32°43'25", L. E.
19°3'0"). — Zaouiya au nord de l'Ouâdi Ibrâhîm, sur le chemin de Tôqra à Zaouiya Boû-Tôda (moutaserrifîya de Ben-
Ghâzi), moqaddem Sîd Mohammed El-'Arbî, des Medjâher.

47. *Aoudjela* (L. N. 29°4'30", L. E. 18°53'0"). — Ville de
l'oasis de Djâlo-Aoudjela (moutaserrifîya de Ben-Ghâzi),
avec une zaouiya et un grand nombre de frères. En 1879
le moqaddem était Sîdi 'Omar Boû Hawa.

48. *Zaouiyet El-Haouiez* (L. N. 32°30'0", L. E. 18°52'0").
— Couvent situé à 20 kilomètres est de Merdj; moqaddem
Sîdi Mohammed El-Kelîli.

49. *Merdj* (L. N. 32°35′0″, L. E. 18°41′40″). — Dépression, avec un couvent (Zaouiyet El-Akhouân, ou Zaouiyet Es-Senoùsîya), à l'ouest des ruines antiques et à 1500 mètres nord-ouest du fort turc; moqaddem Sîdi Mohammed El-Haskoùri (ou El-Sekoùri?).

50. *Tolmeïta* (L. N. 32°43′50″, L. E. 18°34′16″). — Zaouiya à 1500 mètres est des ruines de Ptolemaïs

51. *Tôqra* (L. N. 32°29′40″, L. E. 18°10′20″). — Zaouiya au nord-ouest des ruines de Teuchira, près du port, dans les terres de parcours des Berâgheta, tribu sur laquelle ce couvent exerce une grande influence (moutaserrifîya de Ben-Ghâzi); le moqaddem est Sîdi 'Alì Ben 'Abd El-Qâder El-Djilâni, des Medjâher algériens.

52. *Zaouiya Sidi Boù-Chenâfa* (L. N. 31°47′0″, L. E. 18°8′0″. — Couvent à 48 kilomètres sud-est de Ben-Ghâzi.

53. *Adjedâbîya* (L. N. 30°54′0″, L. E. 17°59′30″). — Ruines d'une ville célèbre à l'époque de la conquête musulmane, avec une zaouiya de la confrérie de Sîdi El-Madani, actuellement senoùsisée.

54. *Deriâna* (L. N. 32°22′10″, L. E. 17°58′0″). — Zaouiya sur les terres de parcours des 'Awâguir, près de la mer, à 23 kilomètres ouest-sud-ouest de Tôqra, sur le chemin et à 36 kilomètres est de Ben-Ghâzi; moqaddem Sîdi Mohammed El-Ghomâri, de Tétouân, beau-père de Sîdi 'Abd Er-Rahîm (moqaddem à Ben-Ghâzi).

55. *Zaouiya Oumm Es-Soùs*, ou Zaouiya Messoùs (position incertaine). — Sur le chemin de Deriâna à Tilimoùn; moqaddem Sîdi 'Abd Rabba Ould Ech-Cheïkh Aboù Khereyyès.

56. *Sîdi Souêker* (L. N. 32°16′20″, L. E. 17°56′20″). — Deux zaouiya à un kilomètre ouest-sud-ouest de la qoubba de ce marabout (moutaserrifîya de Ben-Ghâzi).

57. *Tilimoùn* (L. N. 31°44′0″, L. E. 17°55′0″). — Zaouiya sur le chemin de Ben-Ghâzi à Aoudjela (moutaserrifîya de Ben-Ghâzi). Ce couvent, qui est aussi le grenier de la confrérie, a pour moqaddem Sîdi Mouçtafâ.

· 58. *Ben-Ghâzi* (L. N. 32°8'0", L. E. 17°46'0"). — Ville et port, chef-lieu de moutaserrifîya et maintenant de vilâyet, avec un couvent principal de la confrérie, la Zaouiyet El-Akhouân, ou Zaouiyet Es-Senoûsiya, dont le cheïkh Sîdi 'Abd Er-Rahîm El-Makboûd est le moqaddem. En 1881 le capitaine Bottiglia et M. Mamoli signalaient à Ben-Ghâzi un deuxième couvent achevé, et un troisième en construction.

C'est à Ben-Ghâzi que réside aussi l'agent commercial de la confrérie, El-Meftah Ben Wâni. Parmi les autres frères influents il faut citer le qâdi de la ville, Tâhir Effendi, qui était moftî de Damas au moment du massacre des chrétiens maronites par les Isma'îlîya (Druzes) en 1860.

Les Senoûsîya de Ben-Ghâzi ont attiré dans leur parti les six cents tunisiens établis dans cette ville.

59. *Zella* (L. N. 28°32'20", L. E. 15°10'0"). — Oasis du désert de Libye (moutaserrifîya du Fezzân), avec une zaouiya qui aurait été fondée en 1879.

60. *Wao El-Kebir* (L. N. 25°16'0", L. E. 14°27'54"). — Oasis de la moudîrîyé de Cherguîya (Fezzân), avec une zaouiya, fondée en 1856, qui sert de résidence au provincial du Tou. En 1862, ce moqaddem, Sîdi Hasan Es-Senoûsi, avait la réputation de faire des miracles.

61. *El-Fog-ha* (L. N. 27°51'40", L. E. 14°0'0"). — Petite ville du désert de Libye (Fezzân), avec une zaouiya.

62. *Temessa* (L. N. 26°23'43", L. E. 13°49'0"). — Village de la moudîrîyé de Cherguîya (Fezzân), avec une zaouiya.

63. *Hôn* (L. N. 29°6'0", L. E. 13°37'0'). — Village de la moudîrîyé d'El-Jofra (Fezzân), avec une zaouiya.

64. *Sôkna* (L. N. 29°4'0", L. E. 13°28'0"). — Chef-lieu de la moudîrîyé d'El-Jofra (Fezzân), avec un groupe de frères, une mosquée spéciale, la Djâma El-Foqra, et une zaouiya.

65. *Zoutla* (L. N. 26°9'30", L. L. 13°18'0"). — Ville de la moudîrîyé de Cherguîya, avec une zaouiya.

66. *El-Mouâtin* (L. N. 32°25'25", L. E. 12°49'20"). — Centre dans l'oasis maritime de Masrâta, avec une zaouiya dont le

moqaddem est un frère du cheïkh Hamza Ben Dhâfer.

67. *Touila* (?) (L. N. 25°52′40″, L. E. 12°39′0″). — Village dans la moudîrîyé de Cherguîya (Fezzân), avec une zaouiya.

68. *Trâghen* (L. N. 25°56′0″, L. E. 12°29′30″). — Ville dans la moudîrîyé d'El-Hofra (Fezzân), avec une zaouiya.

69. *Zeliten* (L. N. 32°29′40″, L. E. 12°14′10″). — Oasis maritime, avec une zaouiya madanienne, ou sa'adîya-senoû-sienne, dont le moqaddem est Sîdi Mohammed Ben 'Othmân Biah, beau-frère de Sîdi El-Mahedi.

70. *Beni-Oulid* (L. N. 31°44′30″(?), L. E. 11°57′0″ (?). — Canton peuplé par les Ourfîllé, dans une vallée tributaire de l'Ouâdi Sôfedjîn; zaouiya près du fort turc.

71. *Zaouiyet Sâhal* (L. N. 32°35′0″(?), L. E. 11°55′0″ (?). — Couvent à Sâhal El-Ahmed, près de Lebda (qâïmaqâmlik de Khoms); moqaddem Naçer Ben Menedjer.

72. *Zaouiyet El-'Alam* (L. N. 32°29′0″ (?), L. E. 11°51′0″ (?). — Couvent chez les Kerrâtîya, près de Mesellâta.

73. *Mourzouk* (L. N. 25°55′16″, L. E. 11°50′6″). — Chef-lieu de la moutaserrifîya du Fezzân, avec une zaouiya.

74. *Zaouiyet El-'Amâmera* (L. N. 32°33′10″, L. E. 11°40′50″). — A Qaçar El-'Amâmera, ou Mechaoûb, village du district de Mesellâta. Cette zaouiya, qui a pour moqaddem Ahmed Ben Çâlah est, ou de la confrérie de Sîdi Es-Senoûsì, ou en voie d'accepter sa règle.

75. *Tripoli de Barbarie* (L. N. 32°54′0″, L. E. 10°51′18″). — Capitale du vilâyet de Tarâbolis El-Gharb, avec une agence générale de la confrérie, que dirigeait, en 1876, le maire de la ville (cheïkh el-beled) Mohammed Ben Mouçtafâ, neveu de Hamza Ben Dhâfer, aidé par le moqaddem Sîdi Mohammed Ben Tâhar, puis en 1879-1880, le moqaddem El-Hadj El-Moubârek, Marocain. L'agence senoûsienne de Tripoli se fondit ensuite avec l'agence madanienne panislanique, située vis-à-vis de la maison de l'ancienne succursale de la banque transatlantique, et dirigée par le cheïkh Hamza Ben Dhâfer qui, dans l'origine, était madanien, et qui est aujour-

d'hui un fervent senoûsien. Il en est de même d'un autre madanien, Zekî-Pâchâ, général en chef des troupes turques en Tripolitaine. — On nous a dit, mais nous n'avons pas pu le constater, que la confrérie de Sîdi Es-Senoûsî a également un autre couvent avec un moqaddem à Tripoli. Peut-être s'agit-i! de la zaouiya senoûsienne qu'on bâtit près de la Menchîya (oasis de Tripoli), et de son futur directeur.

Tripoli possède, en outre, deux ou trois couvents où la confrérie trouve des auxiliaires de sa politique : la Zaouiya Sîdi 'Abd El-Qâder El-Ghîlâni, la Zaouiya Sîdi Hamoûda (qui a donné asile, en 1879, à Mohammed Ben 'Abd Allah Boû Sîf, surnommé Boû-Ma'za), et peut-être enfin la Zaouiya Cheïkha Medioûnîya, qui doit évidemment sa fondation, ou son nom, à une abbesse originaire de la tribu algérienne des Medioûna.

76. *Ederi* (L. N. 27°29'50", L. E. 10°50'20"). — Village dans l'Ouâdi Chiâti, avec une zaouiya de la confrérie de Sîdi Es-Senoûsî.

77. *Mizda* (L. N. 31°27'0", L. E. 10°42'0"). — Petite ville des Countarâr, avec une zaouiya fondée avant l'année 1850, et où s'arrêtent les émigrants algériens allant en Cyrénaïque. Sîdi 'Ali Ben'Abd Allah Es-Sounni en a été le moqaddem dans la période de 1865 à 1877. Actuellement (juin 1883) il est en fuite vers Jerhboûb à cause du procès politique intenté par le gouvernement ottoman à Ibrâhîm Sirâdj et à Hamza Ben Dhâfer [1].

78. *Zaouiyet Bâga* (L. N. 31°37'0" (?), L. E. 10°12'0" (?). — Moins bien Zaouiya Tabâga, appelée aussi quelquefois Zaouiyet El-'Alâm, couvent sur le chemin de Zintân à Mizda. Le moqaddem a été autrefois Mohammed El-Azahri; actuellement les mêmes fonctions sont remplies par El-Hâdj Bel-Qâsem El-'Aïsâwi.

1. Ce procès a abouti à une ordonnance de non-lieu et a procuré un nouveau triomphe aux partisans du senoûsisme.

79. *Yéfren* (L. N. 32°3'0", L. E. 10°10'0"). — Canton dans la montagne (qâïmaqâmlik d'El-Djebel), avec une zaouiya senoûsienne, près du fort turc.

80. *Zaouiyet El-'Alaoûna*[1] (L. N. 32°47'0", L. E. 10°1'0"). — Couvent près de Qaçar El-'Alaïga, sur l'Ouâdi Gattîs, dans la plaine d'El-Djefâra.

81. *Boû-'Adjîla* (L. N. 32°47'30". L. E. 9°59'0"). — Oasis maritime appartenant aux El-'Adjîlât, avec une Zaouiya Boû-Mahedi, de la confrérie de Sîdi Es-Senoûsî.

82. *Zaouiya Djerâïr* (L. N. 31°58'0"(?), L. E. 9°54'0"(?). — Couvent situé entre les cantons de Zintân et de Faççâto ; moqaddem Sîdi Bel-Qàsem Zintâni, qui visite fréquemment la Tunisie et les Medjâher du département d'Oran.

83. *Zaouiya Redjebân* (L. N. 32°7'30"(?), L. E. 9°43'0"(?). — Couvent chez les Oulâd 'Atîya, dans le canton de Redjebân ; moqaddem Khalîfa Ben Mohammed.

84. *Rhât* (L. N. 24°57'0", L. E. 7°57'0"). — Ville du pays des Touâreg Azdjer, occupée par les Turcs, avec une Zaouiya Sîdi Es-Senoûsi que l'auteur a vu construire, en 1861, dans la partie ouest de la ville, près de la porte de Tamelrhat. A cette date le moqaddem était un touâtien, El-Hadj Ahmed Ben Bel-Qàsem (surnommé El-'Alem). Il était appuyé par le roi de Rhât, El-Hâdj El-Amîn El-Ançâri. En 1881, et, depuis lors, les fonctions de moqaddem sont remplies par Sîdi-Alî Tebêna.

Actuellement (1883), il y aurait à Rhât et aux environs cinq zaouiya de la confrérie, dont deux fondées en 1876.

85. *Ghâdamès* (L. N. 30°7'48", L. E. 6°43'15"). — Oasis et ville, siège d'un qâïmaqâm. D'après des informations récentes

---

1. 'Alaoûna est le nom d'une fraction des Nemêmcha, tribu algérienne du département de Constantine, et nous serions tenté de chercher mieux qu'une identité fortuite des noms de cette zaouiya et de la fraction des Nemêmcha. En effet, nous avons rencontré, à *notre grande surprise,* en 1860, des cavaliers Nemêmcha dans le Djebel Nefoûsa, où ils étaient venus reconnaître des pâturages libres sur lesquels leur tribu pourrait s'établir.

il y aurait dans cette ville deux zaouiya de la confrérie de Sîdi Es-Senoûsi, fondées en 1876.

86. *Zaouiya Sidi Mohammed Es-Senoûsi* (L. N. 30°8'0", L. E. 6°43'0"). — Couvent fondé en 1858 ou 1859, à 450 mètres sud de la Zaouiya Sîdi Ma'abed, et à 3 kilomètres ouest-nord-ouest de Ghadâmès. En 1860 le moqaddem en était El-Hâdj Tâhar. Plus tard Mohammed Ben Moûsâ lui succéda. Depuis 1879 c'est un personnage dangereux, Mohammed Ben Bel-Qâsem El-Wahchi, natif de Ghadâmès, et appartenant à une des plus vieilles et des plus importantes maisons de commerce de l'emporium qui est à la tête de cette zaouiya.

V. PAYS DES BAÊLÉ ET DES TOUBOU.

87. *Ennedi*, ou pays des Baêlé, ou Bideyât (L. N. 16°22'0", L. E. 19°56'0"). — On y avait projeté la fondation d'une zaouiya en 1871. Dix ans plus tard on y signalait déjà plusieurs zaouiya, et le roi Hadjer Baltê Rouzzêmi (vulgairement Rozzi) est un membre fervent de la congrégation.

88. *Wanyanga*(?), autre partie du pays des Baêlé (L. N. 18°24'0", L. E. 18°44'0"). — Une zaouiya y aurait été fondée, en 1871 ou 1872, sous le vocable de Sîdi Es-Senoûsî. D'après des indications récentes de M. Ricard, les frères de Ben-Ghâzi prétendent qu'il n'y a pas de zaouiya dans le Wanganga.

89. *Ngourr-Mâ* (L. N. 17°26'0", L. E. 16°53'0"). — Station dans le Borgou, où campait, en 1871, avec le cheïkh Asouad, des Djebâïr (Oulâd Selîmân), le missionnaire, agent de la confrérie et directeur de la zaouiya nomade.

90. *'Aïn Galakka* (L. N. 17°28'0", L. E. 16°41'0"). — Source, en Bourgou, près de laquelle on se disposait, en 1871, à bâtir une zaouiya.

91. *Bardaï* (L. N. 20°38'0", L. E. 15.0'0"). — Village en Tou, où résidaient, en 1870, les deux seuls jurisconsultes

du pays, membres et représentants de la confrérie, atten-
dant la construction d'une zaouiya.

92. *Chimmedrou* (L. N. 18°56'30", L. E. 11°58'0"). —
Village de l'Enneri Touguê, au Kawâr, à l'ouest de la route
directe de Mourzouk à Koûkawa, avec une zaouiya déjà
complètement organisée en 1870.

VI. NIGRITIE ORIENTALE.

93. *Abêché* (L. N. 14°5'0", L. E. 18°48'0"). — Capitale du Wadâï. Le sultan 'Alî (en 1870) était un membre fervent de la
confrérie. Son frère et successeur Yoûsouf a persévéré
dans la même voie. Nous attribuons donc à la ville d'Abêché
une des zaouiya senoûsiennes signalées au Wadâï.

VII. TUNISIE.

94. *Monastîr* (L. N. 35°46'0", L. E. 8°29'0"). — Ville avec
une Zaouiya Sîdi Bel-Hasen El-Chadhelî, probablement en
voie d'être senoûsisée, et une Zaouiya Sîdi Mohammed Ben-
'Aïsâ.

95. *Sefâqès* (L. N. 34°43'55", L. E. 8°25'15"). — Ville et
port de Tunisie. Une Zaouiya Sîdi El-Chadhelî, dirigée par
le cheïkh El-Maçmoûdi, sert pour les quelques frères de
l'ordre de Sîdi Es-Senoûsi, qui se disent Madanîya pour la
plupart.

La mère de Mohammed Ben 'Abd Allah, neveu du cheïkh
Hamza Ben Dhâfer, réside dans cette ville, où il y a aussi une
Zaouiya de Sîdi El-Madani, apparemment senoûsisée, une
Zaouiya El-Qâderîya et une Zaouiya de Sîdi Mohammed
Ben 'Aïsâ. En outre on compte, à Sefâqès, des frères et des
moqaddem des ordres de Sîdi Ahmed El-Tidjâni, de Sîdi
'Abd Es-Salâm El-Asmer de Masrâta, et de Sîdi 'Abd Er-
Rahmân Boû-Qobereïn,

96. *Menzel-Kheïr* (L. N. 35°39'40", L. E. 8°21'45"). —

Village du Sâhel de Soûsa, avec une zaouiya senoûsienne près de la chapelle de Sîdi Râdjah. Le moqaddem de cette zaouiya, cheïkh Mohammed Ben 'Amer, est en même temps maire du village.

97. *Douïrât* (L. N. 33°1'0", L. E. 8°1'0"). — Village berbère sur le Djebel Douïrât, avec une Zaouiya Sîdi Es-Senoûsî.

98. *Tunis* (L. N. 36°46'48", L. E. 7°50'52"). — Capitale de la Tunisie. Outre la Zaouiya Sîdi El-Chadhelî, dans la Zanqat El-Khamsa, probablement senoûsisée, et ayant pour moqaddem, le cheïkh Bel-Hasen Ben Mohammed El-Chadheïi, auquel nous avons eu l'honneur de faire une visite l'année passée, et une Zaouiya Sîdi El-Bâchîr, supposée être favorable au senoûsisme, sur les trois couvents que la confrérie de Sîdi Ahmed El-Tidjâni possède à Tunis, un ou deux sont actuellement déjà senoûsisés.

El-Hâdj Ahmed El-Mahedi, ou Ben Mahî, surnommé Ben Châ'a, des Benî Zeroûâl, ancien agent attitré de la confrérie de Sîdi Es-Senoûsî à Tunis, où il était venu accompagné d'un certain nombre de frères pour y fonder une zaouiya, a été expulsé, en 1876, à la suite de discussions avec le bâch-moftî et le qâdi de Tunis et de prédications révolutionnaires.

99. *Zaouiyet El-Harth* (L. N. 33°51'30", L. E. 6°37 20"). — Couvent senoûsisé, dans une oasis du Nefzâwa, à 3700 mètres est-sud-est de Zaouiyet Ed-Debâbcha.

100. *El-Kâf* (L. N. 36°9'45", L. E. 6°25'30"). — Ville, avec une Zaouiyet Ech-Cheïkh El-Mazoûni, fcndée par le cheïkh Sîdi El-Medioûni. Elle était originairement de l'ordre de Sîdi 'Abd El-Qâder El-Ghîlâni ; nous la considérons comme maintenant senoûsisée.

101. *Keriz* (L. N. 34°0'45" L. E. 6°8'0"). — Village dans l'oasis d'El-Oudiân, avec une zaouiya dont le moqaddem, Sîd El-Tayyeb Ben Tàba'ï, dirige toutes les affaires de la confrérie dans le Djerîd.

102. *Zaouiyet El-'Arab* ★ (L. N. 33°57'30", L. E. 6°7'0"). —

Centre de l'oasis d'El-Oudiân. En 1857 le cheïkh Mohammed Eç-Çâdoq El-Mekkâwi y fonda une zaouiya senoûsienne, à 900 mètres N.-E. de Degâch et de la Zaouiya Sîdi Boû-Nâb, et y laissa comme moqaddem Sîdi Ahmed Ben Chabîra, des Oulâd Nâïl. A la mort de celui-ci, survenue en 1865, son fils 'Amar lui succéda. La zaouiya tombe maintenant en ruines.

En outre il y a dans les centres de l'oasis d'El-Oudiân quelques Derkâwa senoûsiens, qui se donnent pour des Madanîya.

103. *Nafta* (L. N. 33°52'21", L. E. 5°48'0"). — Oasis et ville où le moqaddem Mohammed Eç-Çâdoq El-Mekkâwi séjourna, en 1857, et forma un groupe de frères qui se réunissaient dans la Djâma' Sîdi Embârek, du quartier des Meguêtna. Actuellement, la confrérie de Sîdi Mohammed Ben 'Alî Es-Senoûsî compte à Nafta sur le concours des directeurs de deux couvents qui ne portent pas son nom : la grande et belle Zaouiya Sîdi 'Abd El-Qâder El-Ghîlâni, nouvellement construite au nord du quartier des Chorfa. Celle-ci, déjà senoûsisée, a pour moqaddem Sîdi Mohammed Ben-Ibrâhîm. Et une zaouiya de Derkâwa, se disant Madanîya, mais réellement senoûsiens, avec Sîd El-Hâdj Boû-Beker pour moqaddem. Cette dernière zaouiya compte de nombreux clients.

Nafta possède aussi une zaouiya de Sîdi Mohammed Ben 'Aïsa; une zaouiya de l'ordre de Sîdi 'Abd Er-Rahmân Boû-Qobereïn, dont le directeur actuel, Sîdi El-Hafnâwi Ben Mouçtafâ Ben-'Azoûz, a pour coadjuteur spirituel son propre frère, Sîdi El-Mekki; une zaouiya de l'ordre de Sîdi 'Alî Ben 'Amer, dont le moqaddem, Sîdi El-Haoûsin, était primitivement le représentant de l'ordre des Rahmânîya, et dont le ministre des affaires étrangères est Sîdi 'Alî, fils du précédent; une zaouiya de Sîdi Boû-'Alî, de la confrérie des 'Aloûya, fondée il y a six siècles par Sîdi 'Alî Es-Senni, surnommé Boû-'Alî, qui arriva de la Sâguiyet El-Hamrâ (Sahara occidental), et qui mourut empoisonné par les gens de Nafta. Hostile aux chrétiens, cette dernière confrérie se montre favorable à la politique du sultan de Constantinople.

D'Algérie on nous avait signalé, en Tunisie, cinq autres zaouiya de la confrérie de Sîdi Mohammed Ben 'Alî Es-Senoûsî : à Qeçar Mouddenîn, à Matouiya, à Ouderef, à Djâra (Gâbès), et à El-Hâmma Matmâta. Notre récente enquête sur place, à ce sujet, a abouti à un résultat négatif. Mais il ne manque pas d'autres points en Tunisie, où sont répandus des couvents et des groupes d'adhérents des confréries qui s'assimilent maintenant au senoûsisme. Exemples :

Ile *Qerqena*, frères des ordres de Sîdi 'Abd Es-Salâm et de Sîdi 'Abd El-Qâder El-Ghîlâni (de 34°35' à 34°50' N. et de 8°30' à 9° E.) ; *El-Mahediya*, port, Zaouiya Sîdi Mohammed Ben 'Aïsa, Zaouiya Sîdi 'Abd Es-Salâm, frères de l'ordre de Sîdi Ahmed Et-Tidjâni (35°32' N. 8°46'30" E.) ; *Hoûmet Es-Soûq* (île de Djerba), Zaouiya Sîdi Mohammed Ben 'Aïsâ, Zaouiya Sîdi 'Abd El-Qâder El-Ghîlâni (32°53'20" N., 8°33' E.) ; *Sefâqès*, port, frères et moqaddem de l'ordre de Sîdi Ahmed Et-Tidjâni (34°44' N., 8°25' E.) ; *Soûsa*, port, Zaouiya Sîdi Mohammed Ben 'Aïsâ (33°50'20" N., 8°17'30" E.) ; *Qala'a El-Kebira*, ville du Sâhel, Zaouiya Sîdi Mohammed Ben 'Aïsa, isolée au S. E. (35°52'40" N. 8°13' E. ; *Qaçar Mouddenîn*, village des Ourghamma Touâzin, avec un groupe de frères de Sîdi 'Abd Er-Rahmân Boû-Qobereïn (33°20' N., 8°6'40" E.) ; *Qaïrouân*, ville, frères des ordres de Sîdi 'Abd el-Qâder El-Ghîlâni, de Sîdi Ahmed Et-Tidjâni et de Sîdi El-Chadheli (35°40'30" N. 7°47' E.) ; *El-Menzel* (Gabès), port, Zaouiya Sîdi 'Abd El-Qâder El-Ghîlâni, Zaouiya Sîdi 'Abd Es-Salâm, Zaouiya Sîdi Mahommed Ben 'Aïsâ, frères de Sîdi El-Madani, frères et moqaddem de Sîdi Ahmed El-Tidjâni (33°53' N., 7°42'20" E.) ; *Ouderef*, village, frères et moqaddem de Sîdi Ahmed El-Tidjâni (33°59' N. 7°38' E.) ;*Matouiya*, village, Zaouiya El-'Aloûya (33°58'20" N.,

7°36′30″ E.); *El-'Aârâd*, province, quelques frères de l'ordre de Sîdi Mohammed Ben 'Ali Es-Senoûsî; *Benzert*, ville, Zaouiya Sîdi Mohammed Ben 'Aïsâ (37°16′30″ N., 7°31′30″ E). Le cercle de Benzert renferme d'autres zaouiya de la même confrérie et de celles de Sîdi Ben 'Abd Er-Rahmân Boû-Qobereïn, Sîdi 'Abd El-Qâder El-Ghîlâni, Sîdi Ahmed Et-Tidjâni, Sîdi 'Abd Es-Salâm et Sîdi 'Alî Ben 'Azoûz, sans parler de frères de l'ordre de Sîdi 'Alî El-Madanî; *Tôzer*, ville, Zaouiya Sîdi 'Abd El-Qâder El-Ghîlâni, avec Sîdi Mohammed El-Moûledi pour moqaddem, Zaouiya Moûleï Tayyeb, sur la lisière sud de l'oasis (33°54′48″ N., 6°2′30″ E.); *Tamerhza*, Zaouiya Sîdi El-Hafnâwi, de l'ordre de Sîdi 'Abd Er-Rahmân Boû-Qobereïn, et représentant aussi les opinions des Oulâd Sîdi 'Abd El-Hafîd de Kheïrân, en Algérie (34°30′ N., 5°32′ E.).

VIII. Algérie.

104. *Boû-Sa'ada* ★ (L. N. 35°12′53″, L. E. 1°47′19″). — Ville dans un oasis du Hodna (département d'Alger), qui fut la première résidence du moqaddem Sîdi Ahmed Ben Chabîra. A son départ, en 1857, il n'aurait pas été remplacé.

105. *Mesa'ad* ★ (L. N. 34°10′30″, L. E. 1°13′20″). — Village sur l'Ouâd El-Azel, dans le pays des Oulâd Nâïl (département d'Alger), avec une école ou zaouiya senoûsienne, qui fanatisa les Oulâd Nâïl, et qui a laissé un noyau de frères dans le village.

106. *Laghouât* (L. N. 33°48′0″, L. E. 0°32′0″). — Ville et oasis du Sahara du département d'Alger, avec un noyau de frères, sous la direction de Sîdi Cheïkh Ben Ed-Dîn, ancien qâdi de Laghouât.

107. *Mazoûna* ★ (L. N. 36°8′0″, L. O. 1°26′10″). — Ville natale de Sîdi Mohammed Ben 'Alî Es-Senoûsî, sur le territoire des Medioûna, dans le Dahra (département d'Oran), avec une zaouiya qui fut le berceau de l'ordre, et qui aurait,

nous apprend-on, été abandonnée. Nous en donnons une vue d'après le beau dessin de M. Féraud (V. page 30). Ce couvent fonctionnait déjà en 1851. Le cheïkh Mohammed Ben Tekoûken a été le moqaddem.

108. *Zaouiyet Ech-Cheïkh Mohammed Ben Tekoûk*, (L. N. 35°43′0″ (?), L. O. 2°4′0″ (?)), chez les Oulàd Cha'àfa, Medjàher), à quelques kilomètres de Madar, près Bouguîrât, commune mixte de Hillil, ancien aghalik des Medjàher, et à vingt kilomètres sud-est de Mostaghanem (département d'Oran). Elle comprend une trentaine de maisons et une école supérieure ou faculté de théologie. Malgré la tolérance du vieux cheïkh Mohammed Ben Tekoûk, son fils et héritier présomptif possède toutes les ardeurs fanatiques du fondateur de la confrérie et de Sîdi El-Mahedi.

109. *Zaouiya Sîd Ahmed Ben En-Nâçer* (L. N. 35°20′0″, L. O. 2°5′0″). — Couvent dans la plaine d'Eghreïs, ou Gherîs (cercle d'El-Ma'asker, ou Mascara ; département d'Oran), dirigé, en 1874, par Sîd Ahmed Ben En-Nâçer.

110. *Mostaghanem* (L. N. 35°55′57″, L. O. 2°14′46″). — Ville et port du département d'Oran, avec une zaouiya de la confrérie de Sîdi Es-Senoûsî.

111. *Moghâr Tahtàni* (L. N. 32°34′40″, L. O. 2°45′0″). — Village dans le sud de la province d'Oran, avec une zaouiya de la confrérie, fondée en 1874, par le moqaddem Mohammed Ben El-'Arbî Ben Boû-Hafç, surnommé Boû 'Amâma.

Des renseignements sûrs nous manquent pour ajouter ici une liste exacte et complète des très-nombreux couvents algériens de confréries autres que celle qui nous occupe, mais qu'il faut regarder comme subissant maintenant son influence, sinon sa direction. Nous en citerons pourtant quelques-uns :

Ferkàn, village, Zaouiya Sîdi El-Hafnàwi, de la confrérie de Sîdi 'Abd Er-Rahmàn Boû-Qobereïn réformée (34°32′40″

N., 5°3'0' E.); *Zaouiya Haoûch Sîdi Çâdoq*, couvent tidjà-nien dans le bassin de la Ma'oûna, en voie de se senoûsiser (36°25'30" N., 4°59' E.); *El-Ouâd*, chef-lieu de l'oasis du Soûf, Zaouiya Sîdi Mouçtafâ Ben 'Azoûz, de l'ordre de Sîdi 'Abd Er-Rahmàn Boû-Qobereïn, dans le quartier des 'Achàch, moqaddem Sidi Sàlem El-'Aàyib ; Zaouiya Sîdi 'Abd El-Qàder El-Ghîlàni (33°21'40" N., 4°57'20" E.); *El-Be-hima*, village du Soûf, Zaouiya Sîdi Mohammed El-'Aïd, de la confrérie de Sîdi Ahmed Et-Tidjàni; Zaouiya Sîdi 'Abd El-Qàder El-Ghîlàni, avec Sîdi Mohammed Ben 'Abidi et Sîdi 'Abd-Allah Ben Khadra pour moqaddems; frères de l'ordre de Sîdi 'Abd Er-Rahmàn Boû-Qobereïn (33°29'35" N., 4°35' E.); *Ezgoum*, ville du Soûf, Zaouiya Sîdi 'Abd El-Qàder El-Ghîlàni (33°28'10" N., 4°34'40" E.); *Debila*, village du Soûf, très nombreux frères de l'ordre de Sîdi 'Abd Er-Rahmàn Boû-Qobereïn (33°31'30" N.,4°32' E.); *Kheïràn*, Zaouiya Sîdi 'Abd El-Hafîd, sur l'Ouàd El-'Arab. Ce couvent très riche et très influent, domine les populations du Djebel Chechàr, les Benî Imelloûl, et une partie des esprits en Tunisie. Il est de l'ordre de Sîdi 'Abd Er-Rahmàn Boû-Qobereïn réformé. Les directeurs du couvent se révol-tèrent en 1849, et leurs adhérents furent écrasés par le colonel Saint-Germain à Seriàna. Directeur, en 1870, Sîdi Mohammed Tayyeb, qui passe pour être complètement rallié à la cause française (35°0'40" N., 4°27'20" E.); *Gomâr*, ville du Soûf, Za-ouiya Sîdi Mohammed El-'Aïd, de la confrérie de Sîdi Ahmed El-Tidjàni, ayant pour moqaddem le fils de Sîdi Mohammed El-'Aïd (33°29'20" N., 4°21' E.) ; *Constantine*, Zaouiya Sîdi Mohammed El-'Aïd, moqaddem Sîdi Ben Matmàtiya (36°22'21" N., 4°16'36" E.); *Timmer-Màsin*, village dans le Djebel Ahmar Khadd-hou, au-dessus des gorges de Sîdi Maçmoûdi, Zaouiya Sîdi Eç-Çàdoq, d'une confrérie spéciale, sœur de la confrérie de Sîdi 'Abd Er-Rahmàn Boû-Qobereïn, et qui domine tout l'Aouràs. Ce Sîdi Eç-Çàdoq, mort avant 1870, était un ancien moqaddem de Sîdi 'Abd El-Hafîd. Il se révolta en 1859 et sa zaouiya fut fermée par l'autorité française. Elle ne fut rouverte qu'onze ans après. Son fils Sîdi El-Tàhar lui succéda en 1871. Il essaya de soulever l'Aourâs et fut expatrié. A sa mort, en 1877, le frère de celui-ci, Sîdi Mouçtafâ, prit la direction du couvent. En 1879 nouvelle insurrection provoquée par les enseignements de la zaouiya, chez les Lehâla, fraction des Oulâd Dâoud de la subdivision de Batna. C'est Mohammed Amezzian (Mohammed le Petit), en religion Mohammed Ben 'Abd Allah, des Benî Selîmân, moqaddem de l'ordre de Sîdi Eç-Çàdoq, qui en fut l'âme (34°53'35'' N., 4°3'0'' E.); *Temássin*, Zaouiya Sîdi El-Hàdj 'Alî, seconde maison-mère de la confrérie de Sîdi Ahmed Et-Tidjâni, qui exerce une influence considérable dans l'Ouâd Rîgh, l'Ouâd-Soûf, le pays des Nemêmcha, la Tunisie, le pays des Cha'anba, le pays des Touàreg Azdjer et même dans le Foûta sénégalien; moqaddem Sîdi Ma'ammar Ebn El-Hâdj Alî, marabout princier (33°0'30'' N., 3°24'0'' E.); *Liâna*, oasis des Zîbân, zaouiya très célèbre, moqaddem Sîdi El-Bokhâri (34°44'40'' N., 3°4'20'' E.); *Tôlga*, oasis des Zîbân, Zaouiya Sîdi 'Abd Er-Rahmân Boû-Qobereîn, avec mille étudiants, et dominant toute la région des hauts plateaux autour du Khenchela, 'Aîn Beîda et Tebessa. Cette zaouiya qui a exercé une influence pacificatrice en 1848 et en 1876, a pour moqaddem Sîdi 'Alî Ben 'Amer (34°35'55'' N., 3°2'0'' E.); *'Aîn Mádi*, village du et oasis Djebel 'Amoûr, avec la première maison-mère de la confrérie de Sîdi Ahmed El-Tidjâni (33°47'30'' N., 0°2' E.); *El-Abiod Sîdi Ech-Cheïkh*, Zaouiya Sîdi Ech-Cheïkh, maison-mère des Boû-Chîkhîya (32°58'40'' N., 1°45' O.).

IX. MAROC.

112. *El-Oubbâd* (L. N. 32°5'50'', L. O. 3°33'0'') (?). — Village de l'oasis de Figuîg, où résident le marabout Sîdi Cheïkh Boû-'l-Anouâr et ses clients.

113. *Tafilêlt* (L. N. 31°10′0″, L. O. 5°40′0″). — Grande oasis du sud-est du Maroc, avec un groupe de frères et un moqaddem. Nous indiquons sa position en supposant que ce centre de propagande soit au village d'Aboû-'Aâmm.

114. *Fâs*, ou Fez (L. N. 34°6′0″, L O. 7°18′30″). — Capitale intellectuelle du Maroc. Dès 1880, on y comptait beaucoup de frères de l'ordre ; actuellement elle possède une zaouiya.

115. *Tétouân*, ou Tittawîn (L. N. 35°34′50″, L. O. 7°43′0″). — Ville et chef-lieu de province, dans le nord du Maroc, avec une zaouiya senoûsienne, fondée en 1880-1881 par Mohammed Ben 'Omar El-Ghomâri.

116. *Tanger*, ou Tandja (L. N. 35°46′57″, L. O. 8°9′5″). — Ville et port du Maroc, avec une zaouiya senoûsienne ayant pour moqaddem Sîdi Boû Beker El-Baghla, avec Sîdi 'Abd El-Melek et Sîdi Tâhar El-Khadri comme coadjuteurs.

X. SAHARA INDÉPENDANT.

117. *Agadez* (?) (L. N. 16°58′0″, L. E. 5°53′0″). — Ville en Azben, ou Aïr, avec une zaouiya qui aurait été fondée récemment.

118. *In-Çâlah* (L. N. 27°11′30″, L. O. 0°29′0″.) — Oasis du Tidîkelt ; là vit un groupe de frères au milieu duquel a résidé, en 1860 et 1861, le moqaddem de l'ouest, El-Hâdj Ahmed Ben Touâti, surnommé El-'Aâlem. En 1864 et 1865 le directeur de cette jeune communauté, devenue zaouiya, aurait été El-Hâdj Mohammed Ould Bâ-Djoûda, cheïkh de l'oasis. D'après d'autres informateurs, en 1865, le moqaddem était le frère de ce dernier, El-Hâdj 'Abd El-Qâder Ould Bâ-Djoûda.

119. *Gourâra* (L. N. 29°2′0″ (?), L. O. 1°35′0″ (?)). — Grande oasis avec une zaouiya, de fondation récente, dont le nom et la position exacte sont inconnus.

120. *Touât* (L. N. 27°25′0″ (?), L. O. 1°47′0″ (?)). — Oasis avec une zaouiya, de fondation récente, dont le nom et l'emplacement exact sont inconnus.

XI. NIGRITIE OCCIDENTALE.

121. *Timbouktou* (L. N. 17°51′0″, L. O. 5°42′35″). — Ville au nord du Dhiôli-Ba, avec une zaouiya de la confrérie, fondée récemment.

Nous avons ainsi groupé des indications plus ou moins précises sur cent vingt-et-un couvents ou autres centres d'action directe de la confrérie de Sîdi Es-Senoûsi, parmi lesquels cent quinze sont toujours en activité. S'il fallait s'en rapporter au chiffre de M. Broadley (*The last punic war; Tunis past and present*, t. II, p. 226) la confrérie aurait actuellement trois cents couvents ou succursales entre La Mekke et le Maroc. Tout persuadé que nous sommes que notre relevé est encore et doit être incomplet, puisque pour l'Arabie seule nous ne savons que les noms d'onze couvents, et pour les environs de Rhât les noms de quatre couvents, dont l'un serait dans les jardins de Tedjànt, nous manquent, nous regardons le chiffre de M. Broadley comme exagéré.

En terminant ce travail dont la lutte pour l'existence nous avait révélé l'utilité il y a vingt-quatre ans, et en vue duquel nous n'avons cessé, depuis lors, de rechercher et de grouper tous les éléments pouvant servir à notre but, il nous reste à accomplir un acte de justice, à remercier les nombreux travailleurs dont les livres, les rapports et mémoires manuscrits, ou les lettres, nous ont été d'un précieux secours, soit pour préciser des points de détail, soit pour arriver à mieux saisir l'aspect général de la question. La confrérie n'étant pas morte, cette liste pourra présenter de l'intérêt à un moment donné. Citons d'abord les textes imprimés : *Smith* (lieut.) et *Porcher*, History of the recent discoveries at Cyrene, Londres, 1846; *Bayle Saint-John*; Adventures in the Libyan desert and the oasis of Jupiter Ammon, Londres, 1849; *Barth* (H.), Wanderungen durch die Küstenländer des Mittelmeeres (1847), t. Iᵉʳ (seul paru), Berlin, 1849; *du même*, Reisen und Entdeckungen in

Nord-und Central-Afrika (1850), t. I, Gotha, 1857; *Pélissier de Reynaud*, Annales algériennes, 3 vol. Paris, 1854; *Burton* (lieut. R.), Personal narrative of a pilgrimage to El-Medinah and Meccah (1853), Londres, 1855; *Hamilton* (abbé J.), Wanderings in North-Africa (1852), Londres, 1856; *von Beurmann* (M.), Reise von Bengasi nach Udschila und von Udschila nach Mursuk (1862), Inner-Afrika, Gotha, 1863; *de Colomb* (commandant supérieur du cercle de Géryville, puis général), Les oasis du Sahara et les routes qui y conduisent, [Revue algérienne et coloniale] t. III, juillet, septembre et octobre 1860; *Duveyrier* (H.), Exploration du Sahara, les Touâreg du Nord, Paris, 1864; *du même*, Observations sur une communication du docteur Nachtigal, Bulletin de la Société de Géographie, nᵒ de février, 1870; *du même*, Carl Claus von der Decken's Reisen in Ost-Afrika, compte rendu dans le Bulletin de la Société de Géographie, nᵒ de février 1873; *Rohlfs* (docteur G.), Reise durch Marokko; Übersteigung des grossen Atlas, etc. (1862), Brême, 1868; *du même*, Von Tripolis nach Alexandrien (1868-69), Brême, 1871; *du même*, Quer durch Afrika (1865), t. I, Leipzig, 1874; *du même*, Drei Monate in der Libyschen Wüste (1873-74), Leipzig 1876; *du même*, Kufra, Leipzig, 1881; *von Bary* (E.), Die gegenwärtige politische Zustände bei den Tuareg, Verhandlungen der Gesellschaft für Erdkunde, Nᵒ 9, 1877; *Nachtigal* (docteur G.), Saharâ und Sûdân (1869-70), t. I et II, Berlin, 1879-1881; *Philippe*, Étapes sahariennes, Alger, 1880; *Colville*, (capitaine H.E.), A ride in petticoats and slippers, Londres, 1880; *Krause* (G. A.), Schizzo di Ghrat e circondario (1880), l'Esploratore, nᵒ de mars 1881; *Sabatier* (*Camille*), La question du sud-ouest. Alger, 1881; *Haiman* (Com.) et *Pastore*, Da Bengasi a Derna, l'Esploratore, nᵒ de juillet, 1881; *Lenz* (docteur O.), Kurzer Bericht über meine Reise von Tanger nach Timbuktu und Senegambien, Zeitschrift der Gesellschaft für Erdkunde, 1881; *Camperio* (Capit. M.). Una gita in Cirenaica, l'Esploratore, nᵒˢ d'août 1881 à février 1882; *Bottiglia* (Capit.), Lettera da Bengasi e Derna, l'Esploratore, nᵒ d'août 1881; *Mamoli* (P.), Lettere da Derna, l'Esploratore, nᵒˢ d'août 1881 à 1883; *du même*, Stazione di Derna, l'Esploratore nᵒˢ de mai-juin 1882; *Haiman* (Com.), Cirenaica, Rome, 1882; *Noëllat* (colonel), L'Algérie en 1882, Paris, 1882; *Reboud* (docteur), médecin principal de l'armée, Excursion dans la Maouna et ses contreforts, Recueil de notices et mémoires de la Société archéologique du département de Constantine, 1882; *Broadley*, The last punic war; Tunis past and present, 2 vol., Londres, 1882; *Trumelet* (colonel), Notes pour servir à l'histoire de l'insurrection dans le sud de la province d'Oran (1864-1869), Revue africaine, nᵒˢ 136-158; *Charmes* (Gabriel), Tunisie et Tripolitaine, Paris, 1883; *S. E. 'Abd Er-Rahmân Bey Rouchdy*, Contre-enquête sur l'affaire de Beilul; rapport du commissaire égyptien, Alexandrie, 1883.

Quant aux documents inédits, où nous avons puisé de beaucoup les faits et les aperçus les plus importants, ce sont, par ordre de dates : *Duveyrier (H.)*, Journal manuscrit d'un voyage d'exploration dans le Sahara, 1859-61 ; *du même*, Journal tenu pendant la première mission des Chott, 1874-1875; *du même*, Notes prises pendant un voyage en Tunisie et à Tripoli, 1883; *Margueritte* (commandant supérieur du cercle de Laghouàt, puis général), Communications verbales et lettres de 1859-1866; *de Forgemol de Bostquénard* (général), commandant supéreur du cercle de Biskra (1860-1861), commandant le corps expéditionnaire en Tunisie (1882-1883), Notes personnelles et lettres (1860-1883) ; *Din* (général A.), Tableau de la filiation des écoles philosophiques musulmanes dérivées du mysticisme des Chadhelïya, 1862 (?) ; le cheïkh *Ben Ed-Dîn* (ancien qâdi de Laghouàt, membre de la confrérie de Sîdi Es-Senoùsî), Note sur la secte coûfiste des Chadhelïya, rédigée à la demande du commandant Margueritte, et communiquée par lui, 1864; *Ducrot* (général A.), Rapport sur la confrérie de Sìdi Mohammed Es-Senoùsî, Médéah, 5 janvier 1865; Procès-verbaux du tribunal criminel de Tripoli de Barbarie, 1870 (Interrogatoires des témoins et inculpés dans le meurtre de mademoiselle Alexina Tinné, communiqués par M. Wiet, consul général de [France); *de Loverdo* (général), Rapport sur la confrérie de Sìdi Mohammed Es-Senoùsî, Médéah, 12 octobre 1874; *Féraud* (Charles), interprète principal de l'armée, consul général de France à Tripoli de Barbarie, Rapports sur la mission du » Cassard » 1876, et sur l'ambassade au Maroc de 1877; *du même*, Dépêches officielles, lettres personnelles et communications verbales de Tripoli, 1875-1883; *Ricard* (Eugène), vice-consul de France à Ben-Ghâzi, Rapports officiels de 1876 à 1883, lettres personnelles et indications verbales de 1882 à 1883. — C'est aux documents communiqués avec une inépuisable obligeance par MM. Charles Féraud et Eugène Ricard, qui étaient à première place pour comprendre la gravité et prévoir la portée des dernières et très habiles manifestations politiques de la confrérie, que nous devons presque toutes les données sur ces menées des Senoùsîya et sur la situation actuelle de leurs couvents et autres centres d'action dans l'est de la Berbérie, etc.; — *De la Tour d'Auvergne* (général E.), commandant la subdivision de Mediyya (Médéah), Lettres détaillées sur le massacre de la mission du colonel Flatters et sur la situation actuelle des confréries musulmanes dans la subdivision; Procès-verbaux des interrogatoires des indigènes survivants de la deuxième mission du colonel Flatters, 1882; *Le Châtelier* (lieutenant A.), Mémoire sur les Chadheliya dans le cercle de Boghâr, 24 septembre 1882; *Demaeght* (commandant), chef du bureau de recrutement à Oran, Note manuscrite, 1883.

Offrons aussi l'expression de notre reconnaissance à d'autres hommes qui ont bien voulu nous accorder leur concours pour nous éclairer sur de nombreux points de détail et d'actualité, et la liste de ces bienveillants informateurs est longue, quoique nous nous croyions obligé d'en retrancher les noms de presque tous nos amis parmi les musulmans de la Berbérie et du Sahara : M. *O. Mac Carthy*, le géographe de l'Algérie, actuellement conservateur de la bibliothèque musée d'Alger, Conversations sur la route d'Alger à Laghouât, 1857; M. le commandant supérieur du cercle de Biskra, lettre de 1865; M. le docteur G. *Nachtigal*, lettres de Mourzouk, 1869, à Tunis, 1883; M. *A. M. Broadley*, avocat de 'Arabi-Pàchà, lettre du 1ᵉʳ décembre 1881; S. Ex. *'Abd Er-Rahmân Bey Rouchdy*, président de la commission des indemnités à Alexandrie, et commissaire égyptien chargé de la contre-enquête sur l'affaire de Beïloûl (massacre de l'expédition italienne de M. Giulietti), lettres de 1881-1883; M. l'amiral *E. Mouchez*, lettre du 16 mars 1882; M. le docteur G. *Rohlfs*, lettre du 26 septembre 1882; M. le commandant *Mounier*, lettre d'Oran, 24 novembre 1882; M. le général *Philebert*, commandant de la subdivision sud de Tunisie, lettre du 29 novembre 1882; M. le lieutenant-colonel *Derrécagaix*, lettre de 1882; *Hammoû Ben Moûsâ*, khalifa d'El-Ouàd (Soûf), lettre du 14 décembre 1882, au commandant supérieur du cercle de Biskra; M. le capitaine *Wolff*, commandant supérieur du cercle de Biskra, 1883; M. le capitaine *de Castries*, lettre du 27 mars 1883; M. le commandant *L. Rinn*, lettre du 11 avril 1883, et recensement des frères de l'ordre de Sîdi Mohammed Ben 'Alî Es-Senoûsi en Algérie; M. le capitaine *Du Pradel*, chef de l'annexe de Djendel, lettre du 8 mai 1883; M. le lieutenant *Blachère*, chef du poste de Debîla (Soûf), en 1883; M. le lieutenant *Chiron de la Casinière*, chef du service des renseignements du cercle de Benzert (Bizerte), 1883; M. *Peiro*, sous-lieutenant adjoint au service des renseignements à Gafsa, 1883; M. *Rousseau*, commandant supérieur du cercle de Boû-Sa'ada, 1883; M. le chef de l'annexe de Chelâla, 1883; M. le commandant *Fossoyeux*, commandant supérieur du cercle de Géryville, 1883-1884; M. le sous-lieutenant *De*

Fleuras, chef du service des renseignements à Tôzer, 1883 ;
M. *Robert*, interprète militaire de la subdivision de Gâbès, 1883 ;
M. *Pijon*, agent de la compagnie générale transatlantique à
Monastìr, 1883 ; M. *Révoil* (Georges), chargé d'une mission par
le ministère de l'instruction publique, lettres de Zanzibar, 29 mars
1883, et de Guélédi, 18 septembre 1883 ; *Ben-Bargách*, fils du
ministre de S. M. chérifienne du Maroc, en mission en Europe,
communication verbale, janvier 1884.

LES FORTERESSES ET L'ARMÉE
DE LA CONFRÉRIE RELIGIEUSE DE SÎDI ES-SENOÛSI, EN 1883.
par Henri Duveyrier
(Juillet 1883)

www.ingramcontent.com/pod-product-compliance
Lightning Source LLC
Chambersburg PA
CBHW070907280326
41934CB00008B/1623